JN081398

実戦150題

地方公務員法

第6次改訂増補版

都政新報社

はしがき

人口減少及び超高齢社会の到来により労働生産人口の減少に直面する中で、地方公務員においても多様なマンパワーの活用や、働き方改革の推進による生産性の向上が求められています。こうした中、地方公務員法等の改正により、会計年度任用職員制度が導入されるなど、今後も時代の変化に応じた様々な制度改正が続くことが予想されます。

こうした時代だからこそ、改めて自治体職員一人ひとりが、現行制度をきちんと理解したうえで、地方公務員に求められる役割を見極め、様々な課題を迅速に解決していく力が求められているのではないでしょうか。そのためにも、根拠法である地方公務員法の正確な理解が必要となっています。

地方公務員法は、自治体職員に適用される服務規律や勤務条件、身分保障等の諸基準を定めるものです。条文数は、60条程度ですが、地方自治法とともに、地方自治の実務に携わる者にとってバイブルとなる法律です。条文内容を正確に覚えるだけでなく、各条文の立法趣旨や関連する行政実例等についても、十分把握しておく必要があります。

本書は、東京都や特別区の昇任試験で実際に出題された問題を解きながら、地方公務員法の要点を把握できる構成となっています。特に「解説」では、選択肢の正誤理由だけでなく、関連知識や最新の法改正内容など、ポイントとなる事項をわかりやすくまとめているので、試験対策はもとより、基礎知識を体系的に修得する上でも効果的です。

多くの自治体関係者の方々に、効率的な学習を進めるための参考書として、また、日常実務における手軽なハンドブックとして、本書をご活用いただければ幸いです。

2019年4月

㈱都政新報社　出版部

目　　次

第11章　罰則

第２部　労働基準法

第１章　総則

第２章　労働契約

第３章　賃金

第４章　労働時間、休憩、休日及び年次有給休暇

第５章　女性

第６章　就業規則

地方公務員法

第6次改訂増補版

実戦150題

昇任試験のための地方公務員法の学習について

1　出題傾向

地方公務員法は、東京都主任試験（ＡⅠ類事務）では択一で55問中10問が出題されている。また、特別区管理職試験Ⅰ類では択一で40問中６問が出題されるなど、地方公務員の事務系昇任試験においては相当のウェイトを占めている（いずれも平成30年度）。

おおむね毎年出題されている分野は、服務、分限及び懲戒、福祉及び利益の保護、任用となっており、これ以外の分野からの出題もある。出題レベルは試験種別によって異なり、問題によっては、条文の知識に止まらず、関係法令や判例、行政実例等の知識まで要求されるものもある。

地方公務員法は、条文数が少ないこと、規定内容が具体的であること、繰り返し出題されている内容も多いことなどから、法律科目の中では比較的勉強しやすい科目である。ポイントを押さえて勉強すれば、得点源にできるだろう。

なお、ここ５年間の東京都・特別区の昇任試験の出題項目について別掲しているので、参考にしていただきたい。

2　学習法

法律科目の基本的な勉強法は、条文を参照しながら概説書を読んで、法全体の基本的な知識をまず頭に入れ、その上で問題を繰り返し解くことによって知識を確認し定着させるという方法だろう。地方公務員法の学習法もこの方法が適当である。

しかし、読者の中には、学習時間があまりないという方も多いことと思われる。効率的に学習したい方は、出題傾向をしっかり把握し、出題頻度の高い項目を重点的に学習することが重要である。その場合には、まず本書のような問題集から取り組むという方法が効果的である。

特に、本書は実際の出題例であることから、本書の問題を解くことにより、出題傾向を反映した重要度の高い項目を繰り返して学ぶことができる。**各項目について、解説の内容に加え、選択肢１つずつの「どこの部分がどのように違っているのか」を正確に押さえておくことがポイント**である。また、自分が解けなかった問題や選択肢を中心に、１冊の問題集を２度、３度と繰り返し解くことが、知識の定着のためには有効である。

さらに、本書の問題を解きながら、出題頻度の高い項目については、条文や基本書に立ち戻り、より掘り下げた内容、関連する項目、判例なども整理していくと、一層理解が深まり、知識が定着し自分のものになっていくだろう。

3　参考文献

地方公務員法全体について整理してある基本書（概説書）と、条文等について確認する際の参考書をいくつか掲げておく。

(1)　**基本書（概説書）**

『地方公務員法の要点』（米川謹一郎著／学陽書房）

『楽しく学べる「地方公務員法」教室』（大島稔彦著／公職研）

(2)　**参考書**

『新版　逐条地方公務員法』（橋本勇著／学陽書房）

『完全整理　図表でわかる地方公務員法』（地方公務員昇任試験問題研究会著／学陽書房）

『新研修選書　地方公務員制度』（坂弘二著／学陽書房）

また、都政新報社の出版物としては、『東京都主任試験解答集』、『特別区管理職試験解答集』、『東京都主任試験ハンドブック』、『１日10分地方公務員法』などが参考になる。

本書の解説は、主に『新版　逐条地方公務員法』を参考に記載している。また、法令については略称を用いて引用しており、判例や行政実例については、「最判昭56.6.16」、「行実昭56.6.16」のように記している。

地方公務員法等　過去5年間の出題（東京都主任試験）

		平成26年度	平成27年度	平成28年度	平成29年度	平成30年度
地方公務員法	総則	一般職及び特別職	特別職	職員への法令適用	職員への法令適用	一般職・特別職
	人事機関		任命権者、人事委員会			任命権者、人事委員会
	任用	任用、条件附採用	欠格条項、条件附採用	任期付職員、再任用	任用、臨時的任用	欠格条項、条件付採用
	人事評価				人事評価	
	給与、勤務時間その他の勤務条件			給与		
	分限及び懲戒	離職	分限処分、懲戒処分、離職		分限処分	懲戒処分
	服務	職務上の命令に従う義務、職務専念義務、政治的行為の制限、争議行為等の禁止	政治的行為の制限	服務の宣誓、信用失墜行為の禁止、職務専念義務	秘密を守る義務、職務上の命令に従う義務、職務専念義務	政治的行為の制限、営利企業への従事等制限
	退職管理			退職管理	退職管理	退職管理
	福祉及び利益の保護	勤務条件に関する措置要求		勤務条件に関する措置の要求	不利益処分に関する審査請求	勤務条件に関する措置の要求
	職員団体	職員団体	職員団体	職員団体		
	その他					
労働基準法	総則					労働基準法
	労働契約		労働契約			労働協約
	賃金					
	労働時間、休憩、休日及び年次有給休暇	年次有給休暇		年次有給休暇	労働時間	
	女性					
	就業規則					

（注）労働基準法は平成27年度までは運輸系主任級職選考、平成28年度以降は助役選考Ａ一次のみ出題

地方公務員法　過去５年間の出題（特別区管理職試験・Ⅰ類）

		平成26年度	平成27年度	平成28年度	平成29年度	平成30年度
地方公務員法	総則			特別職		
	人事機関	人事委員会又は公平委員会	人事委員会又は公平委員会		人事委員会又は公平委員会	人事委員会又は公平委員会
	職員に適用される基準					
	任用			任用		条件付採用又は臨時的任用
	人事評価				人事評価	
	給与、勤務時間その他の勤務条件	条件附採用又は臨時的任用	給与			
	分限及び懲戒	懲戒処分	分限処分	懲戒処分	分限処分	懲戒処分
	服務	政治的行為の制限	争議行為等の禁止		秘密を守る義務	政治的行為の制限
	退職管理			退職管理		
	福祉及び利益の保護	不利益処分に関する不服申立て	勤務条件に関する措置要求	不利益処分に関する審査請求	勤務条件に関する措置の要求	不利益処分に関する審査請求
	職員団体	職員団体のための職員の行為の制限	職員団体	交渉		職員団体
	その他				罰則	

職員への法令適用

No.1　地方公務員に関係のある法令に関する記述として、妥当なのはどれか。　**(東京都主任試験出題)**

1　条例等により地方公営企業法第４章の規定が適用される病院事業に勤務する職員は、地方公営企業法上の企業職員であるが、地方公営企業等の労働関係に関する法律の適用を受けない。

2　地方独立行政法人法に定める特定地方独立行政法人の役員及び職員のうち、役員は地方公務員ではないが、職員は特別職の地方公務員である。

3　地方教育行政の組織及び運営に関する法律では、県費負担教職員等の教育公務員の職務と責任の特殊性に基づき、教育公務員の任免、分限、懲戒、服務、研修等について定めている。

4　地方公務員には原則として労働基準法が適用されるが、職務の性質により必要な適用除外規定が地方公務員法に設けられている。

5　労働組合法及び労働関係調整法は、単純労務職員に適用されるが、地方公営企業の職員には適用されない。

Key Point

一般職の地方公務員には地公法が適用されるが、すべての職員が地公法のみを身分取扱の根拠としているものではない。

地公法は、一般職に属するすべての地方公務員に適用される（地公法第４条第１項）。ただし、職務の特殊性に基づき特例を要するものとして、教職員、単純労務職員、企業職員、警察職員、消防職員、独法職員については、それぞれ特例法の適用も受ける（地公法第57条）。

また、地方公務員も労働者であるため、労働関係法規の適用を受けることとなるが、職務や身分の特殊性に基づき、除外規定が地公法では設けられている（地公法第58条）。

1　**誤り**。地方公営企業法上の企業職員については、地方公営企業等の労働関係に関する法律の適用を受ける（地方公営企業法第36条）。

2　**誤り**。地方独立行政法人法に定める特定地方独立行政法人の役員及び職員については、いずれも地方公務員である（地方独立行政法人法第２条第２項）。

3　**誤り**。教育公務員の職務とその責任の特殊性に基づき、教育公務員の任免、人事評価、給与、分限、懲戒、服務及び研修等について規定しているのは、教育公務員特例法である。

4　**正しい**。

5　**誤り**。地方公営企業職員にも労働組合法及び労働関係調整法が適用される。

正答　4

一般職・特別職①

No.2　地方公務員法に定める一般職に属する地方公務員又は特別職に属する地方公務員に関する記述として妥当なのは、次のどれか。

(東京都管理職試験改題)

1　一般職に属する地方公務員は、任用されるにあたって成績主義の原則が適用され、受験成績、人事評価その他の能力の実証に基づいて任用される。

2　一般職に属する地方公務員は、常勤の職員と非常勤の職員とに分けられ、このうち非常勤の職員は争議行為が禁止されていない。

3　一般職に属する地方公務員は、地方公営企業の管理者を含み、この管理者は、その勤労の対価として給料や諸手当が支払われ地方公務員法が適用される。

4　特別職に属する地方公務員は、条件付採用期間中の職員を含み、この職員は、その勤務形態が一般職の職員と異ならないので地方公務員法が適用される。

5　特別職に属する地方公務員は、通常、任期を定めずに任用され、分限処分や懲戒処分の事由に該当しない限り、その意に反して離職させられることはない。

Key Point

一般職と特別職を区別する基準としては、①指揮命令関係があるか、②専務職であるか、③終身職であるか、④成績主義の適用があるか、⑤政治職であるか、といった要素がある。

なお、地方公務員法は、基本的には一般職の地方公務員の身分取扱いに関する統一法規となっている。

すべての地方公務員の職は一般職と特別職に分けられ、**一般職は特別職に属する職以外の一切の職とされる（地公法第３条）**。また、一般職に属するすべての地方公務員には地公法が適用され、**特別職に属する地方公務員に地公法が適用されるのは法律に特別の規定がある場合に限られる（地公法第４条）**。

一般職と特別職の違いについては、「地公法第３条第３項に掲げる職員の職は、恒久的でない職または常時勤務することを必要としない職であり、かつ職業的公務員でない点において、一般職に属する職と異なるものと解される」（行実昭35.７.28）。

1　**正しい**。地公法第15条の「任用の根本基準」のとおり。なお、同法中の「職員」とは、第４条第１項により「一般職に属するすべての地方公務員」を指す。

2　**誤り**。地公法の規定は、一般職に属するすべての地方公務員に適用するとしており、常勤・非常勤を問わず、その者が職員である限り適用される（地公法第４条）。したがって、非常勤職員についても地公法第37条の規定が適用される。

3　**誤り**。地方公営企業の管理者は、一般職ではなく特別職である（地公法第３条第３項）。

4　**誤り**。地公法の規定は、特別職に属する地方公務員については、法律に特別に定めがある場合を除き、適用されない（地公法第４条第２項）。

5　**誤り**。特別職に属する地方公務員は、通常任期を定めて任用され、また、地公法第３条第３項により職も限定される。

正答　1

一般職・特別職②

No.3　地方公務員法に定める特別職に関する記述として妥当なのは、次のどれか。　**(東京都主任試験改題)**

1　特別職は、終身職としての性格を有しており、特別職にある者は、地方公務員法が全面的に適用されその身分が保障される。
2　特別職は、受験成績や人事評価などの能力実証に基づいて任用される職であり、地方公務員法の成績主義の原則が全面的に適用される。
3　特別職には、その就任について地方公共団体の議会の同意を必要とする職があり、例として副知事があげられる。
4　特別職には、その就任について主務大臣の承認を必要とする職があり、例として警視正以上の階級にある警察官があげられる。
5　特別職には、その職務内容において一般の行政事務と異なる特別の責任を有する職があり、例として公立学校の教職員があげられる。

Key Point

特別職の３つの種類

①政治職…就任について公選または地方公共団体の議会の選挙、議決若しくは同意によることを必要とする職

特別職は、地公法第３条第３項に**限定列挙**されており、その種類は以下のとおりである。

① 就任について公選又は議会の議決若しくは同意によることを要する職

② 地方公営企業の管理者及び企業団の企業長の職

③ 法令又は条例、地方公共団体の規則若しくは地方公共団体の機関の定める規程により設けられた委員及び委員会（審議会その他これに準ずるものを含む。）の構成員の職で臨時又は非常勤のもの

④ 都道府県労働委員会の委員の職で常勤のもの

⑤ 臨時又は非常勤の顧問、参与、調査員、嘱託員及びこれらの者に準ずる者の職（専門的な知識経験又は識見により、助言、調査、診断その他総務省令で定める事務を行うものに限る。）

⑥ 投票管理者、開票管理者、選挙長等その他総務省令で定める者の職

⑦ 地方公共団体の長、議長その他地方公共団体の機関の長の秘書の職で条例で指定するもの

⑧ 非常勤の消防団及び水防団員の職

⑨ 特定地方独立行政法人の役員

なお、平成29年の改正により、特別職の範囲が厳格化された。

1 **誤り**。通常、一般職は終身職とされているのに対し、特別職は終身勤務することを想定されていない。また、地公法が適用されるのは、原則として一般職に対してである（地公法第４条）。

2 **誤り**。一般職の職員は成績主義の原則が適用される（地公法第15条）のに対し、特別職の任用は、選挙、議会の議決などに基づき行われる職があるなど、一般職での成績主義とは、任用の性格を異にする。

3 **正しい**。他に監査委員や人事委員会、公安委員会、教育委員会及び収用委員会の委員などがある。

4 **誤り**。警視正以上の警察官は、一般職の国家公務員である。

5 **誤り**。公立学校の教職員は、一般職の職員である。**正答 3**

一般職・特別職③

No.4　地方公務員法に定める特別職に属する地方公務員についての記述として妥当なのは、次のどれか。　**（東京都管理職試験改題）**

1　地方公務員の職は、一般職と特別職に分類され、いずれにも属しない地方公務員は存在せず、特別職に属する地方公務員の範囲は、地方公務員法に例示として掲げられている。

2　任命権者は、特別職に属する地方公務員を任用する場合においても、一般職に属する地方公務員と同様、能力の実証に基づいて任用しなければならず、成績主義の原則が適用される。

3　特別職に属する地方公務員については、身分取扱いを統一的に規定する法令が制定されていないため、人事委員会の委員及び公平委員会の委員を除いて、地方公務員法の服務規定が準用される。

4　特別職に属する地方公務員は、任期を定めて任用されることにその特徴があり、臨時的任用職員や条件付採用期間中の職員は、特別職に属する地方公務員である。

5　地方公共団体の長や議会の議長に特別職である秘書の職をおく場合には、必ず条例で指定する必要があり、条例で指定されていない場合には、長や議長の秘書であっても、特別職に属する地方公務員とはならない。

Key Point

特別職の３つの種類

②自由任用職…成績主義によることなく、任命権者との人的関係や政治的配慮に基づいて任用することができる職

 特別職の身分の取扱いについては、地公法は人事委員会及び公平委員会の委員に関する事項（地公法第9条の2第12項）以外は一切規定していない。また、地公法以外に特別職の身分取扱いを統一的に規定した法令は存在しない。したがって、個々の特別職ごとに関係する法規を検討して決定することになる。

なお、選択肢にある臨時的任用は、平成29年5月の地公法改正により、**常勤の職に欠員が生じた場合**と規定が厳格化され、そのうえで、緊急のとき、臨時の職に関するとき、又は採用候補者名簿が無いときに、6カ月を超えない期間に限って行われるものと改正された。任用に当たっては、人事委員会の承認、人事委員会を置かない場合は、任命権者が規則で定める必要がある。施行期日は2020年4月1日。

1　**誤り**。特別職に属する地方公務員の範囲は、地公法に例示されているのではなく、限定列挙であり、一般職は、特別職に属する職以外の一切の職としている（地公法第3条第2項及び第3項）。

2　**誤り**。地公法第15条で規定されている成績主義が適用されるのは一般職である。特別職は、法律に特別の定めがある場合を除き、地公法の適用を除外されている（地公法第4条第2項）。

3　**誤り**。上記解説のとおり。

4　**誤り**。臨時的任用職員や条件付採用期間中の職員は一般職である。

5　**正しい**。地公法第3条第3項第4号のとおり。

正答　5

一般職・特別職④

No.5　地方公務員法に規定する一般職又は特別職に関する記述として、妥当なのはどれか。　**（特別区管理職試験出題）**

1　特別職には、就任について地方公共団体の議会の選挙、議決又は同意によることを必要とする職があり、教育委員会の委員は特別職に属する。

2　特定地方独立行政法人は、地方公共団体が設立するものであり、その役員は一般職に属する地方公務員である。

3　人事委員会の委員は特別職に属するため、委員長が事務局長の職を兼ねた場合であっても、地方公務員法の適用を受けることはない。

4　国の指定統計調査事務に従事する統計調査指導員のうち、地方公共団体の長が任命するものは、一般職に属する地方公務員である。

5　民生委員は、直接住民に対して行政の執行の一部を行うので、一般職に属する地方公務員である。

Key Point

特別職の３つの種類

③非専務職…生活を維持するために公務に就くのではなく、特定の場合に、一定の学識、知識、経験、技能などに基づいて、随時、地方公共団体の業務に参画する者の職

解説 法律に特別の定めがある場合以外、特別職には地公法は適用されない（地公法第４条第２項）。ただし、特別職に属する地方公務員が一般職を兼ねた場合には、一般職に属する地方公務員として、地公法の全面適用を受ける（行実昭26.5.10）。

1　**正しい**。地公法第３条第３項第１号、地教法第４条のとおり。
2　**誤り**。地公法第３条第３項第６号により特別職である。
3　**誤り**。上記解説のとおり、一般職として地公法の全面適用を受ける。
4　**誤り**。国の統計調査員のうち、地方公共団体の長が任命するものは特別職の地方公務員である（行実昭35.9.19）。
5　**誤り**。民生委員は非常勤特別職の地方公務員である（行実昭26.3.14、同26.8.27）。

正答　1

一般職・特別職⑤

No.6　次のA～Eのうち、地方公務員法に定める特別職に属する公務員を選んだ場合の組合せとして、妥当なのはどれか。

（東京都主任試験出題）

A　議会事務局の職員
B　警視正以上の階級にある警察官
C　選挙管理委員会の委員
D　公営企業管理者の補助職員
E　非常勤の消防団員

1　A、C
2　A、D
3　B、D
4　B、E
5　C、E

Key Point

特別職を限定列挙している地公法第3条第3項は、その種類等により具体的な職ごとに分類するなどして整理、暗記すること。

地公法第３条第３項に関する問題である。

Ａの「議会事務局の職員」は、一般職の地方公務員である。

Ｂの「警視正以上の階級にある警察官」は一般職の国家公務員である（警察法第56条第１項）。

Ｃの「選挙管理委員会の委員」は議会の選挙により選出される特別職の地方公務員である（地公法第３条第３項第１号）。

Ｄの「公営企業管理者の補助職員」は一般職の地方公務員である。

Ｅの「非常勤の消防団員」は特別職の地方公務員である（地公法第３条第３項第５号）。

1　誤り。

2　誤り。

3　誤り。

4　誤り。

5　正しい。

正答　5

一般職・特別職⑥

No.7　次の職Ａ～Ｅのうち、地方公務員法に規定する特別職に属する職を選んだ組合せとして、妥当なのはどれか。

（特別区管理職試験改題）

Ａ　地方公営企業の管理者の職
Ｂ　公立学校の教職員
Ｃ　人事委員会の委員の職
Ｄ　常勤の監査委員の職
Ｅ　常勤の公民館長の職

1　Ａ、Ｂ、Ｄ
2　Ａ、Ｃ、Ｄ
3　Ａ、Ｃ、Ｅ
4　Ｂ、Ｃ、Ｅ
5　Ｂ、Ｄ、Ｅ

Key Point

特別職に属する職について整理する際には、少々面倒でも、六法に出てくるレベルの行政実例等にもあたっておくこと。

同じく地公法第３条第３項に関する問題である。

Ａの「地方公営企業の管理者」は、同法第３条第３項第１号の２で規定されている特別職である。地方公営企業の管理者は、地方公共団体の長が任命するもので、広義の補助職員と考えられ、長や各種委員会のように執行機関ではない。しかし、予算の調製、議会への議案提出等、特定の事項以外のものについては、地方公共団体を代表して業務を執行する権限を有し、職員の任免、勤務条件の管理、労働協約の締結等広汎な権限を行使する点で執行機関と同様な地位を有している。こうした点から特別職として位置づけられている。

Ｂの「公立学校の教職員」は、一般職である。

Ｃの「人事委員会の委員の職」及びＤの「常勤の監査委員の職」は、議会の同意等に基づき任用される職であり特別職に該当する（同法第３条第３項第１号）。

Ｅの「常勤の公民館長の職」は、一般職である（行実昭26.3.1）。

1　誤り。

2　正しい。

3　誤り。

4　誤り。

5　誤り。

正答　2

任命権者①

No.8　普通地方公共団体における任命権者に関する記述として妥当なのは、次のどれか。　**（東京都主任試験改題）**

1　任命権者は、地方公共団体の長や選挙管理委員会など地方公共団体の執行機関であり、地方公営企業管理者など長の補助機関は任命権を有しない。

2　任命権者は、任命権の一部を補助機関である上級の地方公務員に委任することができるが、この上級の地方公務員には特別職も含まれる。

3　任命権者は、人事評価を行うなどの権限を有するが、営利企業等に従事する許可を与えるのは人事委員会の専管事項となっている。

4　任命権者は、県費負担教職員にあっては、都道府県の教育委員会であるが、この教職員の勤務条件については市町村の長が規則で定めることとされている。

5　任命権者は、議会の事務局の職員にあっては、議会の事務局長であり、この職員の勤務条件については議会規則で定めることとされている。

Key Point

任命権者は、地方公共団体の機関として任命権を行使するものであるが、必ずしも地方公共団体の「執行機関」と一致するものではない。

地公法第6条第1項では、地方公共団体における任命権者として、地方公共団体の長、議会の議長、選挙管理委員会、代表監査委員、教育委員会、人事委員会及び公平委員会、警視総監、道府県警察本部長並びに消防長を明示しているが、これは**例示**である。他に地方公営企業管理者、地方開発事業団の理事長、農業委員会等がある。

なお、**地方公共団体の人事機関には、任命権者と人事委員会又は公平委員会の2種類がある**。任命権者が職員の任免、分限、懲戒等の人事権を直接職員に対して行使するのに対し、人事委員会及び公平委員会は、**いずれも専門的、中立的機関として任命権者の人事権の行使をチェック**し、より適正な人事が行われるようにするものである。

1　**誤り**。任命権者は必ずしも執行機関であるとは限らない。地方公営企業管理者も任命権を有している。東京都の場合は、交通局長・水道局長・下水道局長がこれにあたる。

2　**正しい**。ここで言う「地方公務員」とは、一般職の地方公務員に限られるものではなく、副知事、副市町村長など特別職である地方公務員も含む。

3　**誤り**。営利企業等に従事する許可は、任命権者が与える。人事委員会は、任命権者がその許可を与える場合の基準を規則により定めることができる。

4　**誤り**。勤務条件は、条例で定めることとされている。

5　**誤り**。議会の事務局の職員の任命権者は、議会の議長である。また、勤務条件は、4と同じく条例で定めることとされている。

正答　2

任命権者②

No.9　地方公共団体における任命権者に関する記述として妥当なのは、次のどれか。　**（東京都主任試験出題）**

1　任命権者の種類は、地方公務員法に限定列挙されており、同法に具体的に明示された者以外の者は任命権者とはなりえない。

2　任命権は、任命権者に専属する権限であり、任命権の一部を他の者に委任することはできない。

3　地方公共団体の長は、その補助機関である職員の任命権者であるが、専門委員に対しては、長は任命権を有しない。

4　人事委員会事務局の職員の任命権者は、人事委員会であり、地方労働委員会事務局の職員の任命権者は、地方労働委員会である。

5　地方公営企業管理者の任命権者は、地方公共団体の長であり、地方公営企業管理者の補助職員の任命権者は、地方公営企業管理者である。

Key Point

任命権を一定の行政機関に分配した法趣旨から、任命権者が補助機関である上級の地方公務員に委任できる任命権は、その一部とされている（地公法第６条第２項）。

地公法第６条では、任命権の内容として「職員の任命、人事評価（任用、給与、分限その他の人事管理の基礎とするために、職員がその職務を遂行するに当たり発揮した能力及び挙げた業績を把握した上で行われる勤務成績の評価をいう。以下同じ。）、休職、免職及び懲戒等を行う権限」を規定しているが、これは任命権の内容の例示である。任命権者の任命権の具体的内容は、個々の法律、政令、条例その他の規程によって定まるものである。

任命権の内容とその行使に当たっては、まず職員の身分取扱いの基本法である地公法によって規律されるが、本法が具体的な行使の仕方を条例や規則に委ねている場合には、これらの条例や規則の定めに従って任命権を行使することとなる。

1　**誤り**。地公法第６条第１項では、任命権者を列挙しているが、これは、「……その他法令又は条例に基づく任命権者」と書かれていることからも分かるとおり、例示列挙であり、ほかに法令等に基づいて任命権者が存在する。

2　**誤り**。任命権者は、「権限の一部をその補助機関たる上級の地方公務員に委任することができる」（地公法第６条第２項）。

3　**誤り**。地方公共団体の長は、専門委員に対しても任命権を有する（自治法第174条）。

4　**誤り**。前半の人事委員会事務局に関する記述は正しいが、地方労働委員会事務局の職員の任命権者は、地方公共団体の長である（地公法第６条第１項、労組法第19条の12）。

5　**正しい**。地方公営企業管理者は地方公共団体の長が任命し（地公企法第７条の２第１項）、地方公営企業管理者の補助職員は地方公営企業管理者が任命する（地公企法第９条第２号）。

正答　5

人事機関

任命権者③

No.10　任命権者に関する記述として、地方公務員法上、妥当なのは、次のどれか。　**（特別区管理職試験出題）**

1　任命権者は、地方公共団体においては、当該地方公共団体の長及び当該地方公共団体に執行機関として置かれる委員会又は委員に限られる。

2　任命権者から任命権の一部の委任を受けることのできる者は、当該任命権者の補助機関である上級の地方公務員に限られる。

3　任命権者は、職員の任命を行う権限を委任することができるが、職員の休職、免職及び懲戒を行う権限を委任することができない。

4　任命権者から任命権の一部の委任を受けた地方公務員は、任意に、その任命権を更に他の者に委任することができる。

5　任命権者から任命権の一部の委任を受けた地方公務員は、委任者の名義と責任において、その権限を行使する。

Key Point

法律に別に定めがある場合以外、任命権の委任を受けた者が、さらに他の者にその権限を委任することはできない（行実昭27.１.25）。

地公法第6条第2項は、任命権者が任命権の一部を補助機関である上級の地方公務員に委任できることを定めている。

任命権を委任できるのは、**「上級の地方公務員」**とあるが、これは一般職の地方公務員に限るものではなく、副知事や副市町村長といった特別職である地方公務員も含むものである。

委任を受けた者は自らの名義でその権限を行使することになり、行政上の責任も委任を受けた者が負うことになる。なお、任命権の委任を受けた者が、さらに他の者にその権限を委任することはできない（行実昭27.1.25）。ただし、法律に別段の定めがある場合にはこの限りではない。

1　**誤り**。任命権者は、地方公共団体の執行機関と必ずしも一致するものではない。長の補助機関である、公営企業の管理者が任命権者であるといった例もある。

2　**正しい**。地公法第6条第2項のとおり。

3　**誤り**。休職、免職及び懲戒を行う権限も委任できる（地公法第6条）。

4　**誤り**。上記解説のとおり。

5　**誤り**。任命権の委任は公法上の委任であり、法律による権限の分配の変更である。したがって、受任者の名義と責任において、その権限を行使することになる。

正答　2

任命権者④

No.11　次のＡ～Ｆのうち、地方公共団体の職員とその任命権者との組合せとして、正しいものを選んだ組合せはどれか。

（東京都主任試験改題）

Ａ　監査委員の事務局職員　――監査委員
Ｂ　教育委員会の事務局職員　――教育長
Ｃ　選挙管理委員会の事務局職員　――選挙管理委員会
Ｄ　地方労働委員会の事務局職員　――地方労働委員会
Ｅ　議会の事務局職員　――議会の議長
Ｆ　地方公営企業管理者の補助職員　――地方公営企業管理者

1　Ａ、Ｂ、Ｃ
2　Ａ、Ｃ、Ｆ
3　Ｂ、Ｄ、Ｅ
4　Ｂ、Ｄ、Ｆ
5　Ｃ、Ｅ、Ｆ

Key Point

任命権者と任命される地方公務員の組合せの主なものについては、関係する法律にあたり整理しておくこと。

Aの「監査委員の事務局職員」の任命権者は代表監査委員である（自治法第200条第５項）。

Bの**「教育委員会の事務局職員」の任命権は教育委員会にある（地教行法第18条第７項）。教育長は任命権者になる資格はない。**

Cは、自治法第193条により正しい。

Dの「地方労働委員会の事務局職員」の任命権者は、地方公共団体の長である。行政委員会の中でも、地方労働委員会と収用委員会の事務局職員については、地方公共団体の長が任命権者となる。

Eは、自治法第138条第５項により正しい。

Fは、地公企法第15条第１項により正しい。

人事機関

1　誤り。

2　誤り。

3　誤り。

4　誤り。

5　正しい。

正答　5

人事委員会・公平委員会①

No.12　地方公務員法に定める人事委員会に関する記述として妥当なのは、次のどれか。　**（東京都主任試験出題）**

1　人事委員会は、民主的な人事行政の推進のため都道府県には必置の機関であるが、政令指定都市及びそれ以外の市町村については任意で置くことができる。

2　人事委員会は、行政的権限、準立法的権限及び準司法的権限を有しており、これらの権限は一切、地方公共団体の他の機関に委任することはできない。

3　人事委員会は、複数の委員で構成されており、委員それぞれが単独で職務権限を行使することができる独任制をとっている。

4　人事委員会の委員は、地方公共団体の長から独立した地位を保つため、人格が高潔で地方自治の本旨に理解がある者の中から議会が選挙によって選任する。

5　人事委員会の委員は、地方公務員法に定める事由に該当する場合を除いてはその意に反して罷免されることはなく、身分の保障が図られている。

Key Point

人事委員会の構成、委員については、地公法第９条の条文の内容を理解・整理しておく必要がある。

 人事委員会の構成、委員について、地公法第９条の２の条文の文言を項目ごとに整理すると、下表のとおりとなる。

項　　目	内　　　容
組織	３人の委員をもって組織する合議制機関（第１項）
資格	人格が高潔で、地方自治の本旨及び民主的で能率的な事務の処理に理解があり、かつ人事行政に関し識見を有する者（第２項前段） 第16条第２号、第３号、第５号の１該当者、第60条～第63条に規定する罪を犯し刑に処せられた者は委員になれない（第３項）
選任	議会の同意を得て、長が選任する（第２項後段）
罷免・失職	No.17の解説を参照（第５項～第８項）
任期	４年（第10項）
身分	常勤又は非常勤（第11項） ※公平委員会の委員は非常勤
服務	常勤の委員には第30条～第38条、非常勤の委員には第30条～第34条及び第36条～第37条の規定を準用（第12項、非常勤の委員には職務に専念する義務（第35条）、営利企業への従事等の制限（第38条）が適用されない） なお、委員は地方公共団体の議会の議員及び当該地方公共団体の地方公務員の職（執行機関の附属機関の委員その他の構成員の職を除く）を兼ねることができない（第９項）

1　**誤り**。人事委員会は、政令指定都市においても必置の機関である。また、人口15万以上の市及び特別区は人事委員会又は公平委員会を、それ以外の市町村は公平委員会を置くものとされている（地公法第７条第１項～第３項）。

2　**誤り**。人事行政に関する調査、研究等、職員の競争試験及び選考、給与の支払の監理等の事務で、人事委員会規則で定めるものを、他の機関又は人事委員会の事務局長に委任できる（地公法第８条第３項）。

3　**誤り**。人事委員会を含め、地方公共団体に設置される行政委員会は、監査委員を除き、合議制の機関である。

4　**誤り**。地公法第９条の２第２項及び上記解説参照。

5　**正しい**。地公法第９条の２第７項参照。

正答　5

人事委員会・公平委員会②

No.13　地方公務員法に定める人事委員会又は公平委員会に関する記述として妥当なのは、次のどれか。　**（東京都管理職試験改題）**

1　人事委員会は、都道府県、地方自治法上の指定都市及び指定都市以外の人口15万以上の市においては必置の機関であり、また人事委員会を置く地方公共団体は他の地方公共団体と共同して人事委員会を設置することができる。

2　人事委員会は、行政的権限のほか準立法的権限及び準司法的権限を有し、また規則制定権、勤務条件に関する措置要求の審査の権限及び不利益処分の審査請求の審査の権限を当該地方公共団体の他の機関に委任することはできない。

3　人事委員会又は公平委員会は、法律又は条例に基づく権限の行使に関し、判断の基礎となる資料を得るため、証人を喚問することはできないが、関係者から書類又はその写しの提出を求めることができる。

4　公平委員会は、人口15万未満の市、町及び村においては必置の機関であり、公平委員会を置く地方公共団体は他の地方公共団体と共同して公平委員会を設置することはできない。

5　公平委員会は、その権限が給料表に関する報告及び勧告等の行政的権限に限定されており、公平委員会の事務を他の地方公共団体の人事委員会に委託して処理することはできない。

Key Point

地方公共団体の種類・人口数に応じ、人事委員会、公平委員会のどちらを設置することができるのか、地公法第7条第1項～第3項の条文の内容を整理しておく必要がある。

地方公共団体の種類・人口数に応じ、人事委員会、公平委員会のどちらを設置することができるのか、下表のとおり整理することができる（地公法第７条第１項～第３項）。

種類	人口数	設置する委員会
都道府県	――	人事委員会（第１項）
政令指定都市	――	
市	15万以上	人事委員会又は公平委員会（第２項）
特別区	――	
市	15万未満	公平委員会（第３項） ※公平委員会を置く他の地方公共団体との共同設置、他の地方公共団体の人事委員会への事務の委託も可能（第４項）
町	――	
村	――	
組合	――	

1　**誤り**。人口15万以上の市においては、人事委員会又は公平委員会を置くものとされている（地公法第７条第２項及び上記解説参照）。また地公法上、人事委員会を置く地方公共団体が、他の地方公共団体と共同して人事委員会を設置できるとする規定はない。

2　**正しい**。地公法第８条第３項参照。

3　**誤り**。人事委員会又は公平委員会は、法律又は条例に基づくその権限の行使に関し必要があるときは、証人を喚問し、又は書類若しくはその写しの提出を求めることができる（地公法第８条第６項）。

4　**誤り**。人口15万未満の市町村においては、公平委員会は必置の機関であるが（地公法第７条第３項）、公平委員会を置く地方公共団体は、他の地方公共団体と共同して公平委員会を置くこともできる（地公法第７条第４項及び上記解説参照）。

5　**誤り**。公平委員会に給料表に関する報告及び勧告等の権限はない（地公法第８条第２項）。また公平委員会の事務は、他の地方公共団体の人事委員会に委託して処理することもできる（地公法第７条第４項及び上記解説参照）。

正答　2

人事機関

人事委員会・公平委員会③

No.14　地方公務員法に定める人事委員会又は公平委員会に関する記述として妥当なのは、次のどれか。　**（東京都主任試験出題）**

1　人事委員会は、都道府県に必置の機関であるが、政令指定都市については、人事委員会又は公平委員会のいずれかを設置することとされている。

2　人事委員会は、政令指定都市を除く市町村においては設置することができないが、一部事務組合においては設置することができる。

3　人事委員会は、３人の委員によって構成される合議制の行政機関であり、公平委員会も同じ構成をとる合議制の行政機関である。

4　公平委員会は、毎年少なくとも１回、給料表が適当であるかどうかについて、地方公共団体の議会及び長に報告することとされている。

5　公平委員会は、人事行政の能率性、科学性、公平性を保障する機関として、準司法的作用と準立法的作用を行うが行政作用は行わない。

Key Point

人事委員会、公平委員会が行使できる準立法的権限、準司法的権限、行政的権限については、共通する権限、一方のみに認められている権限について整理する必要がある。

人事委員会が行使できる権限のうち主なものは、下表のとおりである（公平委員会の権限についてはNo.16参照）。

権　限	内　　　容
準司法的権限	勤務条件に関する措置要求の審査 不利益処分の審査請求の審査 職員団体の登録の取消しに関する口頭審理
準立法的権限	人事委員会規則の制定
行政的権限	職員に関する条例の制定、改廃について議会に意見を申し出ること 人事行政の運営に関し任命権者に勧告すること 人事行政に関する研究、調査、企画、立案等を行うこと 人事委員会の事務局長その他の事務職員の任免 競争試験又は選考の実施 昇任試験を受けることができる職の指定 採用候補者名簿の作成 臨時的任用の承認 給料表に関する議会及び長に対する報告及び勧告 給与の支払いの監理 職員の苦情を処理 研修計画の立案等に関する任命権者に対する勧告 職員団体に関すること（登録、登録効力の停止・取消し等）

1　**誤り**。人事委員会は、政令指定都市においても必置の機関である（地公法第７条第１項）。

2　**誤り**。人口15万以上の市においては、人事委員会又は公平委員会を置くものとされている（地公法第７条第２項）。また地方公共団体の組合においては、公平委員会を置くものとされている（地公法第７条第３項）。

3　**正しい**。第９条の２第１項参照。

4　**誤り**。人事委員会にのみ認められた権限であり（地公法第26条）、公平委員会には給料表に関する報告の権限はない（地公法第８条第２項）。

5　**誤り**。公平委員会にも職員団体の登録など行政的権限がある（地公法第８条第２項第４号、地公法第53条第１項）。

正答　3

人事委員会・公平委員会④

No.15　地方公務員法に定める人事委員会に関する記述として、妥当なのはどれか。　**（東京都主任試験改題）**

1　人事委員会の委員は、そのうちの2人以上が同一の政党に属することとなったとき、いずれの職員も失職することとなるが、この場合、委員は、議会の常任委員会又は特別委員会において公聴会を開くことを求めることができる。

2　人事委員会の委員は、常勤の委員及び非常勤の委員のいずれにおいても営利企業への従事等の制限の規定が準用されるが、人事委員会の委員長の許可を受けることにより、営利企業に従事することができる。

3　人事委員会は、原則として事務局を置き、事務局に事務局長その他の事務職員を置くこととされているが、兼職禁止規定により、人事委員会の委員に事務局長の職を兼ねさせることはできない。

4　人事委員会は、委員全員が出席しなければ会議を開くことができず、また、委員会の会議で決定すべき事項を、会議を招集することなく、持ち回りによって決定することはできない。

5　人事委員会は、証人の喚問ができるのは、不利益処分の審査請求の審査に必要があるときに限られているが、書面若しくはその写の提出を求めることは、審査請求のときに限らず、その権限の行使に関し必要があればできる。

Key Point

人事委員会の罷免、失職に関する事項、服務の取扱い（地公法第9条の2）、議事原則（地公法第11条）などを整理しておく必要がある。

人事委員会の委員のうち、常勤の委員の服務については、一般職の服務規定である地公法第30条～第38条の規定のすべてが準用され、非常勤の委員の服務については、上記のうち、地公法第35条及び第38条を除くすべての服務規定が準用される（地公法第９条の２第12項）。それぞれの服務規定の内容と準用関係の整理は下表のとおりである。

内　容	条　項	常勤の委員	非常勤の委員
服務の根本基準	第30条	○	○
服務の宣誓	第31条	○	○
法令等及び上司の職務上の命令に従う義務	第32条	○	○
信用失墜行為の禁止	第33条	○	○
秘密を守る義務	第34条	○	○
職務に専念する義務	第35条	○	×
政治的行為の制限	第36条	○	○
争議行為等の禁止	第37条	○	○
営利企業への従事等の制限	第38条	○	×

1　**誤り**。委員のうち２人以上が同一の政党に属することとなったときは、これらのうち１人を除く他の者は、地方公共団体の長が議会の同意を得て罷免する（地公法第９条の２第５項）。

2　**誤り**。地公法第９条の２第12項及び上記解説参照。

3　**誤り**。人事委員会は、地公法第９条の２第９項の規定にかかわらず、委員に事務局長の職を兼ねさせることができる（地公法第12条第２項）。

4　**正しい**。地公法第11条第１項参照。

5　**誤り**。法律又は条例に基づくその権限の行使に関し必要があるときは、証人の喚問もできる（地公法第８条第６項）。

正答　4

人事委員会・公平委員会⑤

No.16　地方公務員法に定める人事委員会又は公平委員会に関する記述として妥当なのは、次のどれか。　**(東京都主任試験出題)**

1　都道府県においては、必ず人事委員会を置くものとされているが、政令指定都市においては、人事委員会又は公平委員会のいずれかを置くものとされている。

2　人事委員会は、複数の地方公共団体が共同して設置することはできないが、公平委員会は、事務の簡素化・能率化のため、共同して設置することができる。

3　人事委員会は、３人の委員をもって組織される合議制の機関であり、委員は、議会の同意を得て、地方公共団体の長が選任する。

4　人事委員会の委員は、強い身分保障が図られており、委員に就任した後は、その意に反して罷免されることはない。

5　公平委員会は、人事委員会と比較して権限の範囲が限定されており、行政的権限と準司法的権限を有するが、準立法的権限は有していない。

Key Point

公平委員会の行政的権限は、職員団体に関するものに限られている。このように、人事委員会の権限と公平委員会の権限の違いは、行政的権限において特に顕著となっている。

公平委員会が行使できる権限のうち主なものは、下表のとおりである（人事委員会の権限についてはNo.14参照）。**準司法的権限については人事委員会と同様のものが認められているが、行政的権限は職員団体に関するものに限られている**。そのため公平委員会の規則制定権は、準司法的権限に関するもの、職員団体に関するものに限られ、**人事委員会の規則制定権よりも限定的**である。

権　限	内　　　容
準司法的権限	勤務条件に関する措置要求の審査 不利益処分の審査請求の審査 職員団体の登録の取消しに関する口頭審理
準立法的権限	公平委員会規則の制定
行政的権限	職員団体に関すること（登録、登録効力の停止・取消し等） 職員の苦情を処理 競争試験、選考の実施（条例の定めるところによる）

1　**誤り**。人事委員会は、政令指定都市においても必置の機関である（地公法第７条第１項）。

2　**誤り**。人事委員会、公平委員会ともに、自治法第252条の７第１項の規定に基づき、複数の地方公共団体が共同して設置することが認められている（公平委員会については、地公法第７条第４項においても明文化）。例えば、東京都の特別区においては、23区が共同して特別区人事委員会を設置している。

3　**正しい**。地公法第９条の２第１項、第２項参照。

4　**誤り**。委員のうち２人以上が同一の政党に属することとなった場合、心身の故障のため職務の遂行に堪えないと認めるとき、職務上の義務違反その他委員たるに適しない非行があると認めるとき、地方公共団体の長は議会の同意を得て罷免することができる（地公法第９条の２第５項、第６項）。

5　**誤り**。法律又は条例に基づきその権限に属せしめられた事項に関し、公平委員会規則を制定することができる（地公法第８条第５項及び上記解説参照）。

正答　3

人事委員会・公平委員会⑥

No.17　地方公務員法に規定する人事委員会又は公平委員会の委員に関する記述として妥当なのは、次のどれか。

(特別区管理職試験改題)

1　人事委員会又は公平委員会の委員は、すべての地方公共団体の議会の議員及び当該委員会の属する地方公共団体の地方公務員の職を兼ねることが禁止されている。

2　人事委員会又は公平委員会の委員のうち、二人以上が同一の政党に属することとなった場合には、これらの者のうち政党所属関係に異動のあった者は、その職を当然に失う。

3　非常勤の人事委員会の委員及び公平委員会の委員の服務については、一般職に属する職員の服務に関する規定のうち、営利企業への従事等の制限の規定は準用されないが、その他の服務に関する規定はすべて準用される。

4　人事委員会又は公平委員会は、公務の運営、職員の福祉・利益保護に著しい支障が生じると認められる場合であっても、３人の委員全員が出席しなければ会議を開くことができない。

5　選挙権を有する者は、政令の定めるところにより、その総数の３分の１以上の者の連署をもって、その代表者から、普通地方公共団体の長に対し、人事委員会又は公平委員会の委員の解職の請求をすることができる。

Key Point

人事委員会の委員の罷免事由、失職事由について、地公法第９条の２第５項～第８項の内容を整理しておく必要がある。

地公法第９条の２第５項～第８項において規定された、人事委員会の委員の罷免事由、失職事由を整理すると下表のとおりとなる。なお、人事委員会の委員は、第５項、第６項の規定による場合を除くほか、その意に反して罷免されることはない（地公法第９条の２第７項）。

項目	事　由	手続き等	条　項
罷免	委員のうち２人以上が同一の政党に属することとなった場合	これらの者のうち１人を除く他の者を地方公共団体の長が議会の同意を得て罷免	第５項
	心身の故障のため職務の遂行に堪えないとき 職務上の義務違反その他委員たるに適しない非行があるとき	地方公共団体の長が議会の同意を得て罷免 （議会の常任委員会又は特別委員会において公聴会を開かなければならない）	第６項
失職	第16条第２号、第４号に該当するに至ったとき（欠格条項）		第８項

1　**正しい**。地公法第９条の２第９項参照。

2　**誤り**。上記解説参照。

3　**誤り**。非常勤の人事委員会の委員及び公平委員会の委員の服務には地公法第30条から第34条まで、第36条から第37条までの規定が準用される。したがって、営利企業への従事等の制限（地公法第38条）の規定とともに、職務に専念する義務（地公法第35条）の規定も準用されない。なお、常勤の人事委員会の委員の服務には、地公法第30条から第38条までの規定が準用される。

4　**誤り**。会議を開かなければ公務の運営又は職員の福祉若しくは利益の保護に著しい支障が生じると認められる十分な理由があるときは、２人の委員が出席すれば会議を開くことができる（地公法第11条第２項）。

5　**誤り**。上記解説のとおり、人事委員会又は公平委員会の委員は、地公法第９条の２第５項、第６項の規定による場合を除き、その意に反して罷免されることはない（地公法第９条の２第７項）。なお、自治法上も、主要公務員の解職請求の対象とはされてない（自治法第13条第２項）。

正答　1

任　用①

No.18　地方公務員法に定める職員の任用に関する記述として妥当なのは、次のどれか。　**(東京都管理職試験改題)**

1　職員の任用は、職員としての身分を付与する行為とこれに応じて具体的な職に就ける行為との2段階から成っており、休職中の職員は、身分を保有するがその職は保有しない。

2　職員の任用は、受験成績、人事評価その他の能力の実証に基づいて行わなければならず、これに違反して任用を行った者に対しては、罰則が適用される。

3　職員の任用は、採用、昇任、降任又は転任のいずれかの方法により行わなければならず、これは、正式任用の職員であると、臨時的任用の職員であるとを問わない。

4　人事委員会を置く地方公共団体においては、人事委員会は、職員の任命の方法についての一般的基準を定めることができ、また任命権者に対し個々の任用行為を指定することができる。

5　人事委員会を置かない地方公共団体においては、任命権者は、職員の任命の方法についての一般的基準を定める場合、議会の同意を得なければならない。

Key Point

任用とは、任命権者が特定の人を特定の職に就けることであるが、任用のうち職員の採用については、その性質の捉え方に学説上争い（行政行為説と契約説）がある。これらも含め、任用の基本的考え方を正確に理解しておく必要がある。

任用行為の性質について、職員の採用は**行政法学上の行政行為であるとする説と、公法上の契約であるという説**の２つの説がある。学説上争いのあるところであるが、**「相手方の同意を要する行政行為」であるとする説が行政法学上の通説**となっている。

また、職員の採用が身分を付与する行為か、職に充てる行為かという問題もあるが、**地公法上、任用とは特定の人を特定の職に就けること**であり、地方公共団体の職につくことが職員の身分を取得することであり、また職から離れることはその身分を失うことであるとして、身分と職とを一体のものとして考えられている。

1　**誤り**。休職とは、職員の職を保有させたまま、一定期間職員を職務に従事させない処分である。なお、上記解説も参照。

2　**正しい**。地公法第15条、第61条第２号参照。

3　**誤り**。職員の任用は、採用、昇任、降任又は転任のいずれかの方法により行わなければならないが（地公法第17条第１項）、これは正式任用の職員についての規定であり、正式任用の例外である臨時的任用の職員には適用されない。

4　**誤り**。人事委員会を置く地方公共団体においては、人事委員会は、職員の任命の方法についての一般的基準を定めることができるが（地公法第17条第２項）、職員の任命、人事評価、休職、免職、懲戒等任用行為を行う権限を有するのは任命権者である（地公法第６条第１項）。

5　**誤り**。職員の任命方法についての一般的基準を定めることができるのは、人事委員会にのみ認められた権限であり（地公法第17条第２項）、人事委員会を置かない地方公共団体において、任命権者にはこのような権限は認められていない。

正答　2

任　用②

No.19　地方公務員法に定める任用に関する記述として妥当なのは、次のどれか。　**(東京都主任試験改題)**

1　職員の任用は、受験成績、人事評価又は資格や免許を有することなどの能力の実証に基づいて行わなければならない。

2　任命権者は、職員の職に欠員を生じた場合、採用又は昇任以外の方法によって、職員を任命することはできない。

3　人事委員会を置く地方公共団体においては、職員の採用については選考により行わなければならない。

4　任命権者は、当該地方公共団体において分限免職の処分を受け、当該処分の日から3年を経過しない者を任用することはできない。

5　欠格条項に該当する者は、採用試験を受験することはできないが、現に職員である者が欠格条項に該当しても昇任試験を受験することができる。

Key Point

任用の根本基準として地公法は成績主義の原則（メリットシステム）を明示している。これに違反した場合には、罰則の適用もあることなど、その目的も含め、理解が必要である。

職員の任用は、受験成績、人事評価その他の能力の実証に基づいて行わなければならない（地公法第15条）。

この**成績主義の原則（メリットシステム）**は、能力の実証という客観的な基準による任用を行うことによって、公務に有能な人材を配置し、情実に支配されない公正な人事管理を行って行政全般の能率を向上することを目的とする。

なお、これに違反して任用をした場合、罰則が適用される（地公法第61条第2号）。

この他、任用上の原則としては、**平等取扱いの原則（地公法第13条）**や**職員団体のために正当な行為をしたことを理由とする不利益取扱いの禁止（地公法第56条）**等があげられる。

任用

1　**正しい**。地公法第15条及び上記解説参照。

2　**誤り**。職員の職に欠員を生じた場合、任命権者は、採用、昇任、降任又は転任のいずれかの方法により、職員を任命することができる（地公法第17条第1項）。

3　**誤り**。人事委員会を置く地方公共団体においては、職員の採用は、人事委員会規則で選考によることを定めた場合を除き、競争試験による（地公法第17条の2第1項）。

4　**誤り**。当該地方公共団体において懲戒免職の処分を受け、当該処分の日から2年を経過しない者は欠格条項に該当するが（地公法第16条第3号）、地公法上本選択肢のような規定はない。

5　**誤り**。職員は地公法第16条の欠格条項に該当する場合には、条例に特別の定めのある場合を除くほか、直ちにその職を失うこととなる（地公法第28条第4項）。したがって、昇任試験を受験することもできない。

正答　1

任　用③

No.20　地方公務員法に規定する職員の任用に関する記述として、妥当なのはどれか。　**(特別区管理職試験改題)**

1　職員の職に欠員を生じた場合においては、任命権者は、採用、昇任、降任又は転任のいずれかの方法により、職員を任命することができる。

2　人事委員会を置く地方公共団体においては、職員の採用は、競争試験によるものとし、選考によることは一切できない。

3　人事委員会等は、その定める職について採用候補者名簿がなく、かつ、人事行政の運営上必要であると認める場合であっても、当該職の採用試験に相当する国の選考に合格した者を、当該職の選考に合格したものとみなすことはできない。

4　職員の採用における競争試験は、筆記試験及び口頭試問のみにより行うものとする。

5　人事委員会を置かない地方公共団体における競争試験による職員の採用についても、任命権者は、試験ごとに採用候補者名簿を必ず作成しなければならない。

Key Point

職員の任用については、採用、昇任、降任、転任の４つの方法がある（地公法第17条第１項参照）。

職員の職に欠員を生じた場合においては、任命権者は**採用、昇任、降任、転任**のいずれかの方法により、職員を任命することができる（地公法第17条第1項）。それぞれの意味は下表のとおりである（地公法第15条の2第1項）。なお、人事委員会は、任命方法についての一般的基準を定めることができるとされている（地公法第17条第2項）が、任命権者の個々の任用を指定したりすることはできない（No.18選択肢4の解説参照）。

採用	職員以外の者を職員の職に任命すること
昇任	職員を現に任命されている職より上位の職制上の段階に属する職に任命すること
降任	職員を現に任命されている職より下位の職制上の段階に属する職に任命すること
転任	職員を現に任命されている職以外の職員の職に任命することであり、昇任、降任に該当しないもの

1　**正しい**。地公法第17条第1項及び上記解説参照。

2　**誤り**。人事委員会規則で定めた場合は選考によることができる（地公法第17条の2第1項）。

3　**誤り**。その職の選考に合格したものとみなすことができる（地公法第21条の2第3項）。

4　**誤り**。筆記試験及び口答試験のみに限定していない（地公法第20条第2項）。

5　**誤り**。人事委員会を置かない地方公共団体については規定していない。

正答　1

任　用④

No.21　地方公務員法に定める競争試験及び選考に関する記述として、妥当なのはどれか。　**(東京都管理職試験改題)**

1　人事委員会を置く地方公共団体において、採用試験による職員の採用について、人事委員会は採用候補者名簿を作成しなければならず、名簿には採用試験の合格点以上を得た者の氏名及び得点をその得点順に記載しなければならない。

2　職員の採用は、人事委員会を置く地方公共団体においては、競争試験を原則とし、人事委員会の規則で定めた場合に選考によることができるが、人事委員会を置かない地方公共団体においては、選考によることはできない。

3　採用試験又は選考を実施する機関は、人事委員会を置く地方公共団体では当該人事委員会であり、人事委員会を置かない地方公共団体では任命権者とされ、他の地方公共団体の機関に採用試験又は選考を委託することはできない。

4　採用試験は、受験資格を有するすべての国民に対して平等の条件で公開されなければならない。

5　選考は、受験者が複数の場合には、筆記試験等の方法により、成績によって順位が定められ、採用候補者名簿が作成される。

Key Point

職員の採用は、競争試験又は選考によって行うこととされている（地公法第17条の２第１項、第２項参照）。

人事委員会を置く地方公共団体においては、職員の採用は、競争試験によることを原則とする。ただし、人事委員会規則で定める場合には、選考によることもできる（地公法第17条の２第１項）。

採用試験又は選考は、人事委員会が行うのが原則であるが、他の地方公共団体の機関との協定により共同して、又は国若しくは他の地方公共団体の機関との協定によりこれらの機関に委託して、採用試験又は選考を行うことができる（地公法第18条）。また、人事委員会は、採用候補者名簿がなく、かつ、人事行政の運営上必要と認める場合において、国又は他の地方公共団体の採用試験又は選考に合格した者を、その職の選考に合格した者とみなすことができる（地公法第21条の２第３項）。

なお、**人事委員会を置かない地方公共団体においては、職員の採用は、競争試験又は選考によるものとされているが（地公法第17条の２第２項）**、その具体的な内容までは地方公務員法上に規定されていない。

また、平成26年の地方公務員法改正により、採用候補者名簿による職員の採用は、当該名簿に記載された者の中から行うものであればよく、必ずしも得点の高い順に採用する必要はなくなった。

1　**誤り**。前半は正しい（地公法第21条第１項）が、26年改正で採用候補者名簿の提示の仕組みが改められ、名簿を得点順に記載する必要はなくなった（地公法第21条第２項）。

2　**誤り**。前半は正しい（地公法第17条の２第１項）が、人事委員会を置かない地方公共団体は競争試験又は選考により採用できる（地公法第17条の２第２項）。

3　**誤り**。公平委員会も採用試験又は選考を実施可能であり（地公法第９条）、他の地方公共団体に委託することも可能（地公法第18条）。

4　**正しい**（地公法第18条の２）。

5　**誤り**。選考の場合は、順位を定めたり、採用候補者名簿を作成したりする必要はない。

正答　4

任　用⑤

No.22　地方公務員法に定める任用に関する記述として妥当なのは、次のどれか。　**(東京都主任試験改題)**

1　職員の採用は、成績主義の原則により、能力の実証に基づいて行わなければならないが、この場合の「能力」とは採用試験の受験成績をいい、一定の勤務経験を有することは能力の実証とならない。

2　職員の競争試験及び選考を行う権限は人事委員会に属するが、人事委員会は、この権限を、人事委員会規則で定めることにより、当該地方公共団体の他の機関に委任することができる。

3　人事委員会を置く地方公共団体では、人事委員会規則で定めた職に昇任させる場合は、競争試験又は選考が行われなければならないが、対象となる職を定めるにあたっては、人事委員会は任命権者の意見を必ずしも聴く必要はない。

4　降任には、職員の意に反する降任と意に反しない降任があるが、前者は、職務上の義務に違反した者などに対する懲戒処分として行われる。

5　欠格条項に該当する者は、地方公共団体の職員になることができないが、職員となっている者が欠格条項に該当するに至ったとしても、失職することはない。

Key Point

職員の昇任は、任命権者が、職員の受験成績、人事評価等の能力実証に基づき、任命しようとする職の属する職制上の段階の標準的な職に係る標準職務遂行能力及び当該任命しようとする職についての適性を有すると認められる者の中から行う。

職員の昇任は、従前は競争試験又は選考により行うこととされていたが、平成26年の地方公務員法改正により、任命権者が、職員の受験成績、人事評価その他の能力の実証に基づき、任命しようとする職の属する職制上の段階の標準的な職に係る標準職務遂行能力及び任命しようとする職についての適性を有すると認められる者の中から行うこととされた（地公法第21条の３）。

なお、人事委員会規則で定めた職（人事委員会を置かない地方公共団体においては、任命権者が定めた職）に昇任させる場合については、競争試験又は選考が行われなければならず、人事委員会が職を定める際は、あらかじめ、任命権者の意見を聴く必要がある（地公法第21条の４第１項、第２項）。

1　**誤り**。「その他の能力の実証」とは、教員、医師、薬剤師、看護師、保健師、自動車運転手などの免許を有すること、一定の学歴を有すること、一定の勤務経歴を有すること等をいう。

2　**正しい**（地公法第８条第３項）。

3　**誤り**。人事委員会は、昇任にあたって競争試験又は選考を行う職を規則で定める際は、あらかじめ任命権者の意見を聴かなければならない（地公法第21条の４第２項）。

4　**誤り**。職員の意に反する降任は分限処分である（地公法第28条）。

5　**誤り**。職員になった後においても、当然にその職を失う（地公法第28条第４項）。

正答　2

任　用⑥

No.23　職員の任用に関する記述として、地方公務員法上、妥当なのは、次のどれか。　**(特別区管理職試験改題)**

1　人事委員会を置く地方公共団体においては、任命権者は、当該人事委員会の承認を得た場合に限り、当該地方公共団体の条例に定める定数を超えて職員の任用を行うことができる。

2　任命権者は職制上の段階の標準的な職の職務を遂行する上で発揮することが求められる能力として標準職務遂行能力を定める必要があるが、地方公共団体の長及び議会の議長以外の任命権者は標準職務遂行能力を定めようとするときは、あらかじめ人事委員会に協議しなければならない。

3　人事委員会を置く地方公共団体においては、任命権者は、必ず競争試験によらなければ職員を採用することができず、選考により職員を採用することができない。

4　採用候補者名簿に記載された者の数が採用すべき者の数よりも少ない場合、当該人事委員会は、他に最も適当な採用候補者名簿があったとしても、その名簿に記載されている者を加えて提示することができない。

5　職員の昇任は、任命権者が職員の人事評価等に基づき、任命しようとする職の属する職制上の段階の標準的な職に係る標準職務遂行能力及び任命しようとする職についての適性を有すると認められる者の中から行う。

Key Point

職員の任用については、地公法第15条の規定により、能力の実証に基づいて行うこととされており、その能力実証の基準となるものとして、任命権者は標準的な職ごとに標準職務遂行能力を定める必要がある。

平成26年の地方公務員法改正により、任用に当たっての能力の実証の基準を制度上明確にすることとし、採用、昇任、降任及び転任の判断に当たって用いるため、職制上の段階の標準的な職の職務を遂行する上で発揮することが求められる能力として、標準職務遂行能力を任命権者が定めることとされた（地公法第15条の２第１項第５号）。また、標準職務遂行能力を定める上で必要となる標準的な職についても、職制上の段階及び職務の種類に応じ、任命権者が定める必要がある（地公法第15条の２第２項）。

なお、地方公共団体の長及び議会の議長以外の任命権者は、標準職務遂行能力及び標準的な職を定めようとするときは、あらかじめ、地方公共団体の長に協議しなければならない（地公法第15条の２第３項）。

任用

1　**誤り**。このような定めはない。

2　**誤り**。前段は正しいが、地方公共団体の長及び議会の議長以外の任命権者は標準職務遂行能力を定めようとするときは、あらかじめ地方公共団体の長に協議しなければならない（地公法第15条の２第３項）。

3　**誤り**。人事委員会規則で定めた場合には選考によることができる（地公法第17条の２第１項）。

4　**誤り**。加えて提示することができる（地公法第21条第４項）。

5　**正しい**（地公法第21条の３）。

正答　5

任　用⑦

No.24　地方公務員法に規定する職員の任用に関する記述として妥当なのは、次のどれか。　**（特別区管理職試験改題）**

1　人事委員会を置く地方公共団体において、人事委員会規則で定めた職に職員を昇任させる場合には、競争試験を行うことができるが、昇任試験を受けることができる者の範囲は、当該人事委員会の指定する職に正式に任用された職員に制限される。

2　人事委員会を置く地方公共団体において、人事委員会は、職員の採用に関する競争試験について、他の地方公共団体の機関との協定により当該機関と共同して行うことができるが、他の地方公共団体の機関との協定により当該機関に委託して行うことができない。

3　人事委員会を置く地方公共団体において、人事委員会は、その定める職について、採用候補者名簿が作成され、提示すべき候補者が存在するときであっても、当該職の競争試験に相当する国の競争試験に合格した者を、当該職の選考に合格したものとみなすことができる。

4　人事委員会を置く地方公共団体において、人事委員会は、当該地方公共団体の職員の職に欠員を生じた場合の職員の任命について、採用、昇任、降任又は転任のいずれによるべきか、当該人事委員会の規則で一般的基準を定めることができない。

5　人事委員会を置く地方公共団体において、人事委員会は、正式任用になって、ある職についた職員が、職制又は定数の改廃による分限免職により当該職を離れた後、再びその職に復する場合における採用手続に関し必要な事項を定めることができない。

Key Point

平成26年の地公法改正により、職員の任用に関する規定は大幅に変更されている。改正事項については一通りチェックしておくこと。

地公法第18条では、競争試験及び選考を実施する機関は、人事委員会（競争試験等を行う公平委員会を含む）又は人事委員会を置かない地方公共団体においては任命権者であると規定し、さらに、但書で競争試験又は選考を実施する手段として、**その共同実施及び委託実施について規定**している。これらの実施とは、受験資格の決定や志願者の公募をはじめ、各種の試験の実行、その判定、競争試験の場合にあっては採用候補者名簿の作成と提示等、具体的な発行行為に至るまでの一切の手続きを含むものである。

また、地公法第21条の２第３項では、人事委員会はその定める職について第21条に規定する**採用候補者名簿がなく、かつ人事行政の運営上必要であると認められる場合**には、その職の採用試験又は選考に相当する国又は他の地方公共団体の採用試験又は選考に合格した者を、その職の選考に合格したものとみなすことができる旨規定している。**「採用候補者名簿がない」**とは、当該職について採用試験が行われず、採用候補者名簿が作成されなかった場合や採用試験が行われて採用候補者名簿が作成されたが、候補者がすべて辞退した場合などである。

1　**正しい**（地公法第21条の４第１項、第３項）。
2　**誤り**。他の地方公共団体の機関との協定により当該機関に委託して行うこともできる（地公法第18条）。
3　**誤り**。国の競争試験に合格したものを、その選考に合格したものとみなせるのは、採用候補者名簿がなく、且つ、人事行政の運営上必要であると認める場合である（地公法第21条の２第３項）。
4　**誤り**。人事委員会規則で一般的基準を定めることができる（地公法第17条第２項）。
5　**誤り**。必要な事項を定めることができる（地公法第17条の２第３項）。

正答　1

任用

欠格条項①

No.25　地方公務員法に定める欠格条項に関する記述として、妥当なのはどれか。　**(東京都管理職試験改題)**

1　地方公共団体が、欠格条項に該当する者を誤って職員として任用した場合、その任用は当然に無効であり、その者に支払った給与は不当利得として全て返還させなければならないとされている。

2　破産宣告を受けた職員は、法律上の行為能力の制限を受けるため、破産宣告を受けたことによって直ちに欠格条項に該当する。

3　禁錮以上の刑に処せられた者は、原則として地方公共団体の職員となることはできないが、禁錮以上の刑の執行猶予中の者は欠格条項に該当せず、地方公共団体の職員となることができる。

4　一の地方公共団体の懲戒免職の処分を受け、その処分の日から２年を経過しない者は、当該地方公共団体の職員となることはできないが、他の地方公共団体の職員となることはできる。

5　欠格条項に該当する者を誤って採用した場合、その者への通知方法は、無効宣言に類する「採用自体が無効であるので登庁の要なし」とする通知書では足りず、不利益処分に関する説明書の交付が必要である。

Key Point

地公法第16条に規定された欠格条項については、限定列挙であり、条例であらたに欠格条項を加え、あるいは加重するようなことは許されない。

欠格条項に該当する者についてなされた任用の効力については、**法律上当然無効**になると解される。

なお、その間に**職員の行った行為については、事実上の公務員の理論により有効**である。

その間に**支払われた給料については、その間の労務の提供があるため、一般的には返還の必要はない**ものとされている。

なお、**欠格条項に該当するものを誤って採用してしまった場合の対応**として、行政実例（行実昭41.3.31）は次のように解している。

① 欠格者の採用は当然無効である。

② この間その者の行った行為は、事実上の公務員の理論により有効である。

③ この間の給料は、その間労務の提供があるので返還の必要はない。

④ 退職手当は支給しない。

⑤ 退職一時金も支給しない。ただし、地方公務員共済組合に対する本人の掛金中、長期の分については、相当の利子をつけて、組合から本人に返還する。短期の分については、医療給付があったものとして、相殺し、返還しない。

⑥ 異動通知の方法としては、「無効宣言」に類する「採用自体が無効であるので登庁の要なし」とするような通知書で足りる。

1 **誤り**。上記解説のとおり、給与は返還の必要はない。

2 **誤り**。破産宣告を受けたことは欠格条項に該当しない（地公法第16条各号）。

3 **誤り**。禁錮以上の刑の執行猶予中も欠格条項に該当する（地公法第16条第1号）。

4 **正しい**。当該処分を受けた団体以外の地方公共団体の職員になることは差し支えない（地公法第16条第2号。行実昭26.2.1）。

5 **誤り**。上記解説のとおり、無効宣言に類する通知書で足りる。

正答　4

欠格条項②

No.26　地方公務員法に定める欠格条項に関する記述として妥当なのは、次のどれか。ただし、条例で定める場合はないものとする。　**（東京都主任試験改題）**

1　法は、成年被後見人及び被保佐人は、一定の条件を満たす場合を除き、地方公共団体の職員となることができないとしている。
2　法は、禁錮以上の刑に処せられた者は、その執行を受けることがなくなった後も地方公共団体の職員となることはできないとしている。
3　法は、一の地方公共団体で分限免職の処分を受けた者は、他の地方公共団体の職員となることはできないとしている。
4　法は、一の地方公共団体で懲戒免職の処分を受け、その処分の日から２年を経過しない者は、当該地方公共団体の職員となることはできないとしている。
5　法は、憲法の下に成立した政府を暴力で破壊することを主張する政党を結成した者は、地方公共団体の職員となることができないが、当該政党に加入しただけの者は職員となることができるとしている。

Key Point

懲戒免職処分を受けた者の欠格条項該当期間は処分の日から２年間であり、その効果は当該地方公共団体のみであることに注意する。

解説　懲戒処分により免職された者は、服務規律に違反し、行政罰として最も重い処分を受けた者であり、このような者を採用することは望ましくないことから、地公法第16条第2号が定められている。しかし、本人の反省も期待しうるので、**欠格条項に該当する期間は2年間に限定**されている。

また、「当該地方公共団体において」懲戒処分を受けた者に限定されているので、法律上は、**ある地方公共団体が他の地方公共団体で免職処分を受けた者をその処分の日から2年以内であっても採用することは可能**であるとされている（行実昭26.2.1地自公発第22号）。

なお、県費負担教職員については特例があり、懲戒免職を受けた者は、2年間はその任命権者が任命する職員およびその身分の属する地方公共団体の職員となることができない（地教行法第47条）。

任用

1　**誤り**。令和元年の地方公務員法改正により、成年被後見人又は被保佐人については、欠格条項から削除されている（地公法第16条）。
2　**誤り**。「その執行を受けることがなくなるまでの者」とされている（地公法第16条第1号）。
3　**誤り**。当該地方公共団体において懲戒免職の処分を受け、当該処分の日から2年を経過しない者とされている（地公法第16条第2号）。
4　**正しい**。
5　**誤り**。「結成し、又はこれに加入した者」とされている（地公法第16条第4号）。

正答　4

欠格条項③

No.27　地方公務員法に規定する欠格条項に関する記述として、妥当なのはどれか。　**（特別区管理職試験改題）**

1　職員が、刑事事件に関し起訴された場合、欠格条項に該当するため、条例に特別の定めがある場合を除き、その職を失う。

2　任命権者が欠格条項に該当する者を誤って採用した場合において、欠格者の採用は無効であるから、採用後にその者が職員として行った行為は、当然に無効である。

3　職員が、禁錮以上の刑に言い渡され、それが確定した場合であっても、その刑の執行が猶予されているときは、欠格条項に該当しない。

4　地方公共団体において懲戒免職の処分を受けた者は、当該処分の日から２年を経過しない場合には、当該処分を受けた地方公共団体を含むすべての地方公共団体の職員となることはできない。

5　人事委員会又は公平委員会の委員の職にある者が、職務上知りえた秘密を漏らし、罰金刑に処せられたときは、欠格条項に該当するため、条例に特別の定めがある場合を除き、その職を失う。

Key Point

欠格条項の規定趣旨から、条例で除外規定を定める余地はほとんどないものと思われるが、地公法第16条の規定上、条例で除外規定を定めることは可能とされている。

地公法第16条第１号に規定されている「その執行を受けることがなくなるまでの者」とは、刑の言い渡しを受けたにもかかわらず、その執行を受けず時効が完成しない者、仮出獄中の者および刑の執行猶予中の者であり、刑の執行猶予中の者は、一定の場合に猶予が取り消され、刑の執行を受けることがあるので**執行猶予期間を経過するまでは欠格条項に該当する**。

また、地公法第16条第３号に規定する「第60条から第63条までに規定する罪」とは、以下のような例が挙げられる。

① **平等取扱いの原則違反**（地公法第13条）

② 委員にも適用される服務規定である**秘密を守る義務違反**（地公法第９条の２第12項、第34条）

③ **人事委員会が行う試験の受験を阻害し、又は受験に関する秘密の情報を提供した場合**（地公法第18条の３、第21条の４第４項）

④ **勤務条件に関する措置要求を故意に阻害した場合**（地公法第46条）

⑤ **退職管理に係る規制**（地公法第60条、第63条に罰則規定を定めているもの）に違反した場合

1 **誤り**。このような定めはない。

2 **誤り**。その者の行った行為は、事実上の公務員の理論により有効である（行実昭41.3.31）。

3 **誤り**。執行猶予中は「その執行を受けることがなくなるまでの者」に含まれる（地公法第16条第１号）。

4 **誤り**。他の地方公共団体であれば可能（行実昭26.2.1）。

5 **正しい**。上記解説（地公法第16条第３号）。

正答　5

欠格条項④

No.28　地方公務員法に定める欠格条項に関する記述として妥当なのは、次のどれか。　**（東京都管理職試験出題）**

1　欠格条項に該当する者は、職員となることや競争試験・選考を受けることができず、現に職員である者が欠格条項に該当するに至ったときは、条例に特別の定めがある場合を除き、任命権者による処分を要することなく失職する。

2　欠格条項に該当する者が誤って採用された場合、採用は無効であり、その者が受けた給料は不当利得として返還しなければならないが、その者の行った行為は事実上の公務員の理論により有効とされる。

3　成年被後見人又は被保佐人は、法律上の行為能力を完全には認められない場合があるため欠格条項に該当する。

4　地方公共団体の職員が、禁錮以上の刑に処せられた場合は、直ちにその職を失い、刑の執行を終わり、又はその執行を受けることがなくなった場合でも、再び職員となることはできない。

5　日本国憲法又はその下に成立した政府を暴力で破壊することを主張する政党その他の団体に属する者は、欠格条項に該当するが、これらの団体を脱退した場合は、地方公共団体の職員となる資格を回復する。

Key Point

公務員は憲法により全体の奉仕者とされていることから、日本国憲法又はその下に成立した政府を暴力で破壊することを主張する政党その他の団体を結成し又はこれに加入した者に、公務員たる資格を与えないのは当然である。

地公法第16条第４号に規定する「その下に成立した政府」とは、国の行政権を行使するもの（内閣）を直接には指しているが、ここでは一切のクーデターをいうものと解されるので、およそ国権をつかさどる国の立法、司法、行政の各機関を含むものと解される。しかし、地方公共団体の機関は含まれない。

また、「政党その他団体」とは、具体的には破壊活動防止法により団体活動の制限あるいは解散の指定を受けるような団体が考えられる。**このような政党や団体に加入した者は、その団体を脱退した場合でも欠格条項に該当する。**

任用

1　**正しい**。職員になった後においても、当然にその職を失う（地公法第28条第４項）。

2　**誤り**。その間に支払われた給料は、その間労務の提供があるので返還の必要はない（行実昭41.３.31）。

3　**誤り**。令和元年の地方公務員法改正により、成年被後見人又は被保佐人については、欠格条項から削除されている（地公法第16条）。

4　**誤り**。欠格条項に該当するのは、禁錮以上の刑に処せられ、その執行を終わるまで又はその執行を受けることのなくなるまでの者である（地公法第16条第１号）。

5　**誤り**。これらの団体を脱退した場合でも欠格条項に該当する（地公法第16条第４号）。

正答　1

条件付採用・臨時的任用①

No.29　地方公務員法に定める条件付採用に関する記述として、妥当なのはどれか。　**(東京都管理職試験改題)**

1　職員は、条件付で採用され、採用後6か月の間、その職務を良好な成績で遂行したときに正式に採用されるが、職務遂行の能力が不足している場合には、人事委員会は、条件付採用期間を1年に至るまで、延長することができる。

2　条件付採用期間中の職員は転任させることができるが、転任させた場合には、新たに条件付採用期間が開始する。

3　条件付採用期間中の職員には、身分保障に関する規定が適用されないため、任命権者は、法律に定める事由によらず、純然たる自由裁量により、条件付採用期間中の職員を分限免職とすることができる。

4　条件付採用期間中の職員は、その意に反する不利益処分について、審査請求を行うことはできないが、行政訴訟を提起することはできる。

5　町村合併により新町が発足し、従前の旧町村の正式職員であった者が、新たに新町の職員として任命された場合は、条件付採用に関する規定が適用される。

Key Point

条件付採用は、正式採用となるための実地の勤務による能力実証の期間であることから、競争試験又は選考により採用となった職員にのみ適用される。

条件付採用の制度は、競争試験または選考により一応の能力実証を得た職員について、職務の遂行能力を有するかどうか、**実地の勤務により判断するために設けられたものであ**り、職員は、条件付採用期間を免職されることなく経過した時に、はじめて正式採用となる。

なお、臨時的任用職員や再任用職員は、条件付採用の規定は適用されない。

また、平成29年の地方公務員法の改正により、一般職の非常勤職員である会計年度任用職員に対して、条件付採用に関する規定が追加された（地公法第22条の２第７項）。この場合、条件付採用期間は１か月である。

任用

1　**誤り**。職務遂行能力が不足している場合でなく、能力の実証期間として６か月では短い場合である。

2　**誤り**。当初の職から６か月である。

3　**誤り**。純然たる自由裁量でなく、客観的に合理的な理由が存在し、社会通念上相当とされるものであることを要するとした（最判昭53.６.23）。

4　**正しい**。正式採用職員と異なり、行政不服審査法の適用はない。

5　**誤り**。合併の場合の旧町村職員には適用されない（最判昭35.７.21）。

正答　4

条件付採用・臨時的任用②

No.30　地方公務員法における条件付採用に関する記述として妥当なのは、次のどれか。　**(東京都管理職試験改題)**

1　条件付採用期間中の職員は、正式採用職員と同一の労働基本権を有しておらず、職員団体又は労働組合を結成し、又は加入することはできない。

2　条件付採用期間中の職員は、職務遂行能力の実証を経ていないために勤務条件の一部が制限されており、勤務条件に関する措置要求を行うことはできない。

3　条件付採用期間中の職員は、行政不服審査法に基づく不利益処分に関する審査請求を行うことはできないが、不利益処分の取消又は無効確認の訴えを提起することはできる。

4　条件付採用期間の制度は、新たに職員として採用された場合に適用され、臨時的任用職員についても適用される。

5　条件付採用期間の制度は、採用前に実証された能力を採用後の職務遂行状況に基づき検証するために設けられたものであり、この期間を経過した職員を正式に採用するためには任命権者による新たな通知又は発令行為を必要とする。

Key Point

「条件付」とは、正式採用ではないこと、すなわち身分保障の適用がないことである。具体的には、身分保障に関する条文の中に条件付採用職員の除外規定が設けられている。

条件付採用期間中の職員には、身分保障に関する規定の適用がない。これは、条件付採用期間中に十分な能力実証がなされなければ、当然に正式採用とならず、その結果、職員としての身分を失わざるを得ないからである。

逆にいえば、職員が正式採用となった時点からは地公法に定める身分保障の適用を受けるため、もし条件付採用期間中の勤務成績が不良であった職員に対して、正式採用後に分限処分を行う場合には、正式採用職員と同様の手続によらなければならない。

任用

1　**誤り**。条件付採用職員も地公法第52条第２項に規定する職員であるので、職員団体を結成し又はこれに加入することができる。また、公営企業の職員は、労働組合を結成し又はこれに加入することができる（地公労法第５条）。

2　**誤り**。条件付採用職員は、身分保障に関する規定は適用されないが、その他の勤務条件は原則として正式採用の職員と同様である。そのため、勤務条件に関する措置要求を行うことはできる。

3　**正しい**。条件付採用の職員は、行政不服審査法の規定が適用されない（地公法第29条の２）。ただし、不利益処分の取消しや無効を行政訴訟によって争うことは可能である。

4　**誤り**。条件付採用期間の制度は、臨時的任用職員には適用されない（地公法第15条の２第１項第１号、地公法第22条）。

5　**誤り**。正式採用について、新たな通知又は発令行為は必要ない。

正答　3

条件付採用・臨時的任用③

No.31　地方公務員法に定める条件付採用に関する記述として妥当なのは、次のどれか。　**（東京都主任試験改題）**

1　条件付採用期間中の職員は、6か月間が条件付採用の期間とされているが、任命権者が特に認めた場合には、この期間は短縮される。

2　条件付採用期間中の職員は、その期間中に不利益処分を受けても、任命権者に対して当該処分の事由を記載した説明書の交付を請求することはできない。

3　条件付採用期間中の職員は、法律で定める事由によらなければ降任又は免職に処されることはない。

4　条件付採用期間中の職員は、原則として正式採用された職員と同一の勤務条件が保証されているが、勤務条件に関する措置要求を行うことはできない。

5　条件付採用期間中の職員は、その期間を経過した後に正式採用されるには、任命権者による別段の発令行為が必要と解されている。

Key Point

条件付採用期間の延長は、人事委員会（人事委員会を置かない地方公共団体においては任命権者）が決定する。ただし、条件付採用期間の上限は1年であり、それ以上の期間を設定することはできない。

　条件付採用職員については、身分保障に関する規定の適用がないことから、**その期間中、その意に反して、任意に休職、降任など一切の分限処分を課すことができる**。

　しかし、条件付採用職員にも、**公正の原則（地公法第27条第1項）及び平等取扱いの原則（地公法第13条）が適用**されており、これらの原則に違反して免職等の処分がなされたときには、裁判所によってその処分の取消し又は無効の確認がなされることになる。判例も条件付採用職員の分限処分について、任命権者の裁量を認めつつも、全くの自由裁量ではないとしている（最判昭53.6.23）。

任用

1　**誤り**。条件付採用の期間の延長は可能だが、短縮できる旨の規定はない。

2　**正しい**。地公法第29条の2により、不利益処分に関する説明書の交付請求（地公法第49条第2項）についても適用除外とされている。

3　**誤り**。ただし、免職する場合、解雇予告制度の適用があるとされている（行実昭38.11.4）。なお、条件付採用期間中に行われた解雇予告であっても、それが正式任用後に発効する場合は、改めて分限免職の手続をとる必要が生じる。

4　**誤り**。勤務条件に関する措置要求は可能である。No.30選択肢2の解説参照。

5　**誤り**。正式採用にあたっては、別段の発令行為を要しない。

正答　2

条件付採用・臨時的任用④

No.32　地方公務員法に定める条件付採用に関する記述として妥当なのは、次のどれか。　**(東京都管理職試験改題)**

1　任命権者は、条件付採用期間中の職員については、条件付採用期間の中途で職務遂行能力がないと認めたときでも、条件付採用期間が終了するまで免職にすることはできない。

2　条件付採用期間中の職員については、地方公務員法に定める身分保障に関する規定の適用はないが、地方公共団体は、条例により、条件付採用期間中の職員の分限について必要な事項を定めることができる。

3　条件付採用期間中の職員については、同一の職における勤務成績により職務遂行能力を判断するものであり、条件付採用期間の中途で転任させた場合には、転任前の職場での条件付採用期間は継続されない。

4　職員は、条件付で採用され、採用後６か月の間、その職務を良好な成績で遂行したときに正式に採用されるが、条件付採用期間中は、勤務条件について不服があるとしても、勤務条件に関する措置要求を行うことはできない。

5　条件付採用期間中の職員は、その意に反する不利益処分について、審査請求を行うことができるほか、取消訴訟を提起することもできる。

Key Point

条件付採用の職員が正式採用となるには、「その職において」６か月を勤務することとされているが、条件付採用期間中の職員の昇任・転任等を禁止する趣旨ではないと解される。

条件付採用職員の身分取扱いについては、以下のように分類される。

正式採用職員と同様の扱いを受けるもの

① 勤務条件に関する措置要求
② 職員団体（又は労働組合）への加入
③ 懲戒に関する規定
④ 不利益処分の取消訴訟の提起

正式採用職員と同様の扱いがなされるもの

① 分限に関する規定（条例に定めがある場合、その定めによる）
② 不利益処分に関する審査請求
③ 行政不服審査法の適用

1 **誤り**。条件付採用職員については、分限に関する規定の適用がないため、条件付採用期間中であれば、労基法に反しない限り、いつでも免職することができる。

2 **正しい**。条例により、条件付採用職員の分限について定めることができ（地公法第29条の２第２項）、その限りで身分保障がなされる。

3 **誤り**。条件付採用期間中に転任、降任、昇任があった場合でも、別段の規定がないので、所定の期間の経過によって正式採用となるものと解される。

4 **誤り**。勤務条件に関する措置要求を行うことはできる。№30選択肢２の解説参照。

5 **誤り**。№30選択肢３の解説参照。ただし、取消訴訟の提起は可能である。

正答　2

条件付採用・臨時的任用⑤

No.33　地方公務員法に定める臨時的任用に関する記述として、妥当なのはどれか。　**(東京都主任試験改題)**

1　任命権者は、臨時的任用職員が、その職務を良好な成績で遂行した場合、その職員の任期が満了した後に優先的に正式任用することができる。

2　任命権者は、人事委員会を置く地方公共団体においては、人事委員会の承認を得て、6か月を超えない期間で臨時的任用を更新することができるが、再度更新することはできない。

3　臨時的任用職員は、任用に際し能力の実証を必要とされないので、人事委員会を置く地方公共団体においては、人事委員会は臨時的に任用される者の資格要件を定めることはできない。

4　臨時的任用職員は、正式任用された職員とは勤務条件が異なるため、職員団体を結成し、又は職員団体に加入することはできない。

5　臨時的任用職員は、人事委員会を置く地方公共団体においては、不利益処分を受け、この処分に不服がある場合、人事委員会に対して審査請求をすることができる。

Key Point

臨時的任用職員は、任用にあたって能力実証を必要としないため、条件付採用制度の適用を受けない。また、臨時的任用は、正式任用の外にあることから、正式採用にいかなる優先権も与えるものではない。

臨時的任用は、選考等の能力実証を経ずに任用され、正式任用の特例として認められている制度である。

臨時的任用を行えるのは、常時勤務を要する職員に欠員が生じた場合において、以下に限定されている。

① **緊急の場合**

災害復旧等の必要により、任用の手続をとるいとまがなく緊急の人手を要する場合など

② **臨時の職に関する場合**

職自体の存続期間が暫定的である場合など

③ **採用候補者名簿がない場合**

（人事委員会を置く地方公共団体のみ）

競争試験が行われなかった場合、採用候補者名簿にある職員がすべて任用された場合、残りの候補者がすべて任用を辞退した場合など

1　**誤り**。いかなる優先権も与えられない（地公法第22条の３第５項）。

2　**正しい**（地公法第22条の３第１項）。

3　**誤り**。資格要件を定めることができる（地公法第22条の３第２項）。

4　**誤り**。職員団体を構成する「職員」は、警察・消防職員及び地公労法適用職員を除く一般職員であり、臨時的任用を含む（地公法第52条第２項、地公企法第39条）。

5　**誤り**。不利益処分の審査請求は認められない（地公法第29条の２）。

正答　2

任用

条件付採用・臨時的任用⑥

No.34　地方公務員法に規定する条件付採用又は臨時的任用に関する記述として、妥当なのはどれか。　**（特別区管理職試験改題）**

1　条件付採用期間中の職員及び臨時的に任用された職員には、行政不服審査法に基づく不利益処分に関する審査請求の規定は適用されない。

2　人事委員会を置く地方公共団体において、任命権者は、常時勤務を要する職に欠員が生じた場合に、緊急の際には、人事委員会の承認を得ないで、６か月を超えない期間で臨時的任用を行うことができる。

3　人事委員会は、臨時的任用について、任用される者の資格要件を定めることができるが、これに違反する臨時的任用を取り消すことはできない。

4　条件付採用期間は、職員の採用の日から６か月間であるが、職務遂行能力の実証が得られないときは、人事委員会を置く地方公共団体の任命権者は、人事委員会の承認を得て、この期間をさらに１年間延長することができる。

5　条件付採用は、臨時的任用職員についても適用され、この条件付採用の期間は、労働基準法に規定する試の使用期間である。

Key Point

条件付採用と臨時的任用は、本質的には全く別個の制度であるが、身分保障や勤務条件に関する規定の適用については、どちらもほぼ同様の取扱いがなされている。

条件付採用職員と臨時的任用職員の身分取扱い等については、以下のとおりとなる。

	条件付採用	臨時的任用
期　間	6月 （ただし、会計年度任用職員は1月）	6月を超えない期間
期間の延長 （更新）	延長可 （1年に至るまで）	（1回に限り）更新可 （1年を超えない期間）
分　限	適用なし （ただし、条例により定めることは可能）	
懲　戒	適用あり	
職員団体等への加入	可	
勤務条件の措置要求	可	
不利益処分の審査請求	不可	
不利益処分の取消訴訟	可	

1　**正しい**（地公法第29条の2）。

2　**誤り**。人事委員会の承認を得て、6か月を超えない期間で臨時的任用を行うことができる（地公法第22条の3第1項）。

3　**誤り**。規定に違反する臨時的任用を取り消すことができる（地公法第22条の3第3項）。

4　**誤り**。人事委員会は条件付採用の期間を1年に至るまで延長することができる（地公法第22条第1項）。

5　**誤り**。臨時的任用職員は条件付採用の適用がない（地公法第15条の2第1項第1号、地公法第22条）。

正答　1

任用

条件付採用・臨時的任用⑦

No.35　地方公務員法に規定する条件付採用又は臨時的任用に関する記述として妥当なのは、次のどれか。

（特別区管理職試験改題）

1　職員は、条件付採用の期間、その職務を良好な成績で遂行したときに正式採用になるが、条件付採用の期間は、労働基準法に規定する試の使用期間ではない。

2　任命権者は、任期を限って職員を採用しようとする場合、当該職員を事業費支弁の職員として任用するときは、当該事業が継続事業として次年度以降も認められるかどうかは不確定であるので、必ず臨時的任用を行わなければならない。

3　任命権者は、人事委員会を置く地方公共団体においては、臨時的任用を行う場合、人事委員会規則で定めるところにより、臨時的任用を行おうとする職員個々について当該人事委員会の承認を得なければならない。

4　最高裁判所の判例では、町村合併による新町の発足により、従前の旧町村の正式職員であった者が、新たに新町の職員として任命された場合には、条件付採用となり、身分保障を失うに至るとしている。

5　最高裁判所の判例では、条件付採用制度は、職員を正式採用するか否かを決する最終段階での選択方法としてとられていることに鑑みれば、適格性の有無の判断について正式採用職員の場合に比して任命権者により広い裁量権が与えられるが、それは純然たる自由裁量ではないとしている。

Key Point

臨時的任用－正式任用の特例として認められる制度

条件付採用及び臨時的任用に関する特例については、以下のようなものがある。

条件付採用の特例

○ 教育公務員の条件付採用期間は１年

○ 市町村合併により、旧町の職員が新町の職員に任命された場合には、条件付採用の適用がない

○ 政令指定都市の指定を受け、都道府県からの事務移管により指定都市の職員となった者が条件付採用期間中の場合には、移管前の条件付採用期間が通算される

臨時的任用の特例

○ 教育公務員が産前産後の休暇及び育児休業を取得する間の臨時的任用については、人事委員会の承認等は不要

任用

1 **誤り**。条件付採用は労基法第21条第４号に定める「試の使用期間」と解される（行実昭38.11.4）。

2 **誤り**。必ず臨時的任用を行わなければならないわけではないと解されている（行実昭31.9.26）。

3 **誤り**。臨時的任用の承認は、個々の職員についての承認ではなく、個々の職について承認すべきものである（行実昭31.9.17）。

4 **誤り**。判例では、旧町村合併促進法により、旧町村の正式採用職員であった者が新町の職員として任命された場合には、地公法第22条第１項の規定は適用にならないとしている（最判昭35.7.21）。また、政令指定都市の指定による事務移管に伴って都道府県の職員から指定都市の職員となった場合も同様である。

5 **正しい**。条件付採用中の職員を正式採用するかについての判断は、任命権者の幅広い裁量に属すると考えられるが、純然たる自由裁量ではなく、客観的に合理的な理由が存在し、社会通念上相当とされるものであることを要するとした（最判昭53.6.23）。

正答　5

再任用

No.36　地方公務員法に定める再任用に関する記述として妥当なのは、次のどれか。

（東京都主任試験改題）

1　定年退職日よりも前に退職した者のうち条例で定めるものを、退職に引き続き再任用することができる。
2　再任用職員の採用にあたって、常時勤務を要する職については従前の勤務実績等による選考が必要だが、短時間勤務の職については不要である。
3　再任用職員のうち、常時勤務を要する職は一般職であるが、短時間勤務の職は特別職である。
4　再任用の任期は、常時勤務を要する職及び短時間勤務の職ともに、1年を超えない範囲で定められる。
5　「地方公務員の雇用と年金の接続について」により、定年退職をする職員が再任用を希望する場合、当該職員の任命権者は年金支給開始年齢に達するまで、当該職員を常時勤務を要する職又は短時間勤務の職で再任用しなければならない。

Key Point

再任用職員の採用にあたっては、常時勤務を要する職及び短時間勤務の職であるかに関わらず、従前の勤務実績等に基づく選考が必要である。

地方公務員の雇用と年金の接続について（技術的助言）により、定年退職をする職員が再任用を希望する場合、当該職員の任命権者は年金支給開始年齢に達するまで、当該職員と常時勤務を要する職又は短時間勤務の職で再任用する。ただし、**欠格事由**又は**分限免職事由**に該当する場合はこれを適用しないとされている。

1　**誤り**。定年退職日以前に退職した場合であっても、再任用として採用する時点で定年に達していないときは、採用することはできない（地公法第28条の４第１項）。
2　**誤り**。短時間勤務の職についても、従前の勤務実績等に基づく選考が必要である。
3　**誤り**。常時勤務を要する職及び短時間勤務の職ともに地方公務員法上の一般職である。
4　**正しい**（地公法第28条の４第１項及び同法第28条の５第１項）。
5　**誤り**。上記解説のとおり。

正答　4

会計年度任用職員制度①

No.37　地方公務員法に定める会計年度任用職員制度に関する記述として、妥当なのはどれか。

1　会計年度任用職員は、一会計年度を超えない範囲内で置かれる非常勤の職を占める職員であり、再任用短時間勤務職員は会計年度任用職員に含まれる。

2　会計年度任用職員は、従事する事務の性質等により、一般職に属する職員と特別職に属する職員に分類される。

3　会計年度任用職員の任期は、その採用の日から同日の属する会計年度の末日までの期間の範囲内で任命権者が定めることから、採用された会計年度任用職員にその任期を明示する必要はない。

4　会計年度任用職員の任期がその採用の日から同日の属する会計年度の末日までの期間に満たない場合、任命権者はその任期を更新することができる。

5　会計年度任用職員の任期は一会計年度を超えることができないことから、当該会計年度の職と同一の職務内容の職が翌年度に設置される場合でも再度任用されることはない。

Key Point

会計年度任用職員は一会計年度を超えない範囲内で置かれる非常勤の職を占める職員であり、標準的な業務の量によって、パートタイムの会計年度任用職員とフルタイムの会計年度任用職員に分類される。

平成29年の地方公務員法等の改正により、一般職の会計年度任用職員制度が創設された。

会計年度任用職員は、標準的な業務の量により、パートタイムのもの（一週間当たりの通常の勤務時間が常勤職員の一週間当たりの通常の勤務時間に比し短い時間であるもの）と、フルタイムのもの（一週間当たりの通常の勤務時間が常勤職員の一週間当たりの通常の勤務時間と同一の時間であるもの）に分類される。

なお、改正により、非常勤の職を占める地方公務員は次のとおり整理された。

非常勤職員制度

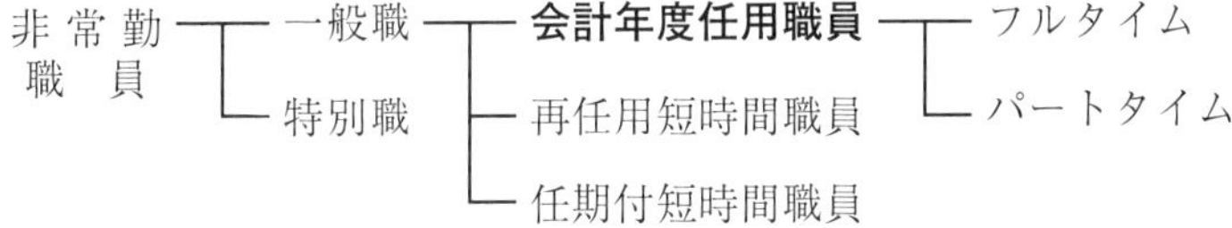

1　**誤り**。再任用短時間勤務職員は会計年度任用職員に含まれない（地公法第22条の２第１項第１号）。

2　**誤り**。会計年度任用職員は一般職の非常勤職員である。

3　**誤り**。会計年度任用職員を採用する場合には、当該会計年度任用職員にその任期を明示しなければならない（地公法第22条の２第３項）。

4　**正しい**。なお、更新される場合の任期についても、その採用の日から同日の属する会計年度の末日までの期間の範囲内で定めなければならない（地公法第22条の２第４項）。

5　**誤り**。同一の者が、平等取扱いの原則や成績主義の下、客観的な能力実証を経て再度任用されることはあり得るものである。

正答　4

会計年度任用職員制度②

No.38　地方公務員法に定める会計年度任用職員制度に関する記述として、妥当なのはどれか。

1　会計年度任用職員の募集及び採用は、任期の定めのない常勤職員と同様に、競争試験によることが原則である。

2　会計年度任用職員の募集及び採用は、平等取扱いの原則を踏まえ、年齢や性別にかかわりなく均等な機会を与えなければならない。

3　会計年度任用職員は、常勤職員と同様に、条件付採用期間の制度が適用され、条件付採用期間は３か月である。

4　会計年度任用職員は、設置された職ごとに任用期間が異なることから人事評価の対象とはならない。

5　会計年度任用職員は、勤務時間の長短にかかわらず、営利企業への従事等の制限の対象となる。

Key Point

新たに制度化された会計年度任用職員には、地方公務員法における一般職に適用される各規定が適用される。

平成29年の地方公務員法等の改正により、一般職の会計年度任用職員制度が創設され、会計年度任用職員に係る任用等に関する制度の明確化が図られた。

具体的には、１か月の条件付採用が適用されるほか、信用失墜行為の禁止や秘密を守る義務などの地方公務員法上の服務規律についても課される。

任用

1　**誤り**。会計年度任用職員の募集や採用は、競争試験又は選考による（地公法第22条の２第１項）。よって、選考で面接や書類選考等による能力実証の方法によることができる。

2　**正しい**。

3　**誤り**。会計年度任用職員の条件付採用期間は、１か月である（地公法第22条の２第７項）。

4　**誤り**。一般職である会計年度任用職員は、人事評価の対象となる（地公法第23条の２）。

5　**誤り**。パートタイムの会計年度任用職員は、営利企業への従事等の制限の対象外である（地公法第38条第１項）。

正答　2

人事評価①

No.39　地方公務員法に定める人事評価に関する記述として、妥当なのはどれか。

1　人事評価は、任用、給与その他の人事管理の基礎として活用するものとされており、分限を目的とした活用については地方公務員法上規定されていない。

2　任命権者は、人事評価の結果に応じた措置を講じる必要はない。

3　人事評価の基準及び方法に関する事項その他人事評価に関し必要な事項は、任命権者が定める。

4　人事評価は、職員がその職務を遂行するに当たり発揮した能力のみを把握したうえで行われる勤務成績の評価であり、職員が挙げた業績は評価の対象としないこととされている。

5　特別職も含めたすべての地方公務員が人事評価の対象となる。

Key Point

職員の人事評価は、公正に行わなければならないこととされており、職員の任用は、地方公務員法の定めるところにより、受験成績、人事評価その他の能力の実証に基づいて行わなければならない。

平成26年の地方公務員法改正により、人事評価制度が導入され、これを**任用、給与、分限その他の人事管理の基礎**とすることとされた（地公法第23条第２項）。

人事評価は、**職員がその職務を遂行するに当たり発揮した能力及び挙げた業績を把握したうえで行われる勤務成績の評価**をいう。

また、任用、給与、分限その他の人事管理の基礎として活用することから、任命権者においては、能力本位の任用制度や、勤務成績を反映した給与体系とするなど、**人事評価の結果に応じた措置を講じなければならない**（地公法第23条の３）。

人事評価

1　**誤り**。分限においても人事評価を活用するものと規定されている（地公法第23条第２項）。

2　**誤り**。任命権者は、人事評価の結果に応じた措置を講じなければならない（地公法第23条の３）。

3　**正しい**（地公法第23条の２第２項）。

4　**誤り**。人事評価は、能力評価と業績評価の両面から行うものとされている（地公法第６条）。

5　**誤り**。人事評価は職員の勤務成績の評価であり、ここでいう職員とは、地公法第４条に規定する、一般職に属するすべての地方公務員である。

正答　3

人事評価②

No.40　地方公務員法に定める人事評価に関する記述として、妥当なのはどれか。

1　任命権者が地方公共団体の長及び議会の議長以外の者であるときは、人事評価の基準及び方法に関する事項その他人事評価に関し必要な事項について、あらかじめ、人事委員会又は公平委員会に協議しなければならない。

2　任命権者は、職員の執務について、定期的に人事評価を行うことまでは必要とされていない。

3　人事委員会は、人事評価の実施に関し、任命権者に勧告することができる。

4　能力評価は、潜在的能力や業務に関係のない能力、人格等も評価の対象とすることができる。

5　業績評価は、標準職務遂行能力の類型として、各任命権者が定める項目ごとに、当該職員が発揮した能力の程度を評価するものである。

Key Point

人事評価は、評価基準の明示や自己申告、面談、評価結果の開示などの仕組みにより客観性等を確保し、人材育成にも活用することとされている。

人事評価は、職員がその職務を遂行するに当たり発揮した能力を把握したうえで行われる勤務成績の評価である**「能力評価」**と、職員がその職務を遂行するに当たり挙げた業績を把握したうえで行われる勤務成績の評価である**「業績評価」**の両面から行う。

とりわけ能力評価については、潜在的能力や業務に関係のない能力、人格等を評価するものではなく、当該能力評価に係る評価期間において職員が職務を遂行する中で、**標準職務遂行能力の類型として、各任命権者が定める項目ごとに、当該職員が発揮した能力の程度を評価する**ものであることに留意して行われるべきものとされている。

また、人事評価の実施に当たっては、**任命権者は、人事評価の基準及び方法を定め、これを定期的に行う必要**がある。

なお、人事委員会は、人事評価の実施に関し、任命権者に勧告することができるが（地公法第23条の４）、その他評定に関する事項について勧告することはできない。

人事評価

1　**誤り**。協議は地方公共団体の長に対して行わなければならない（地公法第23条の２第３項）。

2　**誤り**。定期的に人事評価を行わなければならない（地公法第23条の２第１項）。

3　**正しい**（地公法第23条の４）。

4　**誤り**。上記解説参照。

5　**誤り**。能力評価の説明である。

正答　3

給　与①

No.41　地方公務員の給与に関する記述として、妥当なのはどれか。　**(東京都管理職試験改題)**

1　人事委員会規則に規定するものとされている等級別基準職務表には、職員の職務の複雑、困難及び責任の度に基づく等級ごとに、職員の職務を分類する際に基準となるべき職務の内容を定めていなければならない。

2　職員の給与は、職務給の原則に基づき、その職務と責任に応ずるものでなければならないとされ、給与決定の際、生活給の要素を考慮することは認められていない。

3　職員の給与は、給与支払いの三原則に基づき、通貨で、直接職員に、その全額を支払わなければならないとされるが、一般の職員については、法律又は条例により、特例を定めることができる。

4　一般職の職員が他の職員の職を兼ねる場合、地方公務員法において、この兼務に対しても給与を支払わなければならないことが定められている。

5　地方公営企業職員の給与は、均衡の原則に基づき、民間事業の従事者の給与等を考慮して定めなければならず、給与の決定の際に当該地方公営企業の経営の状況を考慮することは認められていない。

Key Point

地方公務員の給与については、その決定と支給に関する原則が地公法によって定められている。公営企業職員及び単純労務職員の給与については、地公法の適用はないが、基本原則についてはほぼ同じ趣旨である。ただし、一部特例的な取扱いが存在するので注意が必要。

給与に関する基本原則は、給与決定の原則と給与支給の原則に大別される。それぞれの内容は次のとおり。

給与に関する基本原則

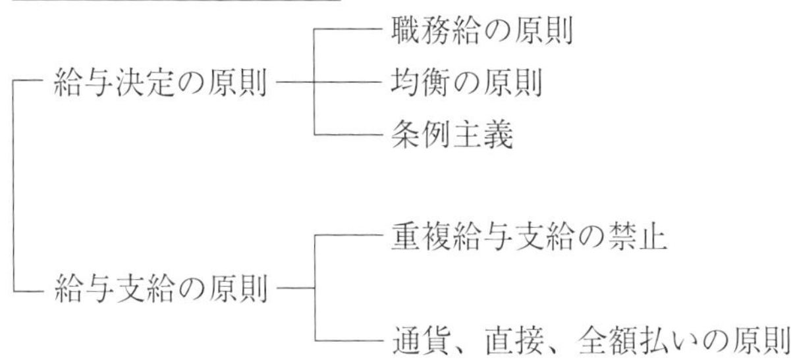

1　**誤り**。等級別基準職務表は、給与に関する条例に規定しなければならない（地公法第25条第３項）。等級別基準職務表は、職員の職務を給料表の各等級に分類する際の具体的な基準となる。

2　**誤り**。生活給の要素も考慮して定めなければならないとされている（地公法第24条第２項）。

3　**正しい**（地公法第25条第２項）。

4　**誤り**。他の職員の職を兼ねる場合に、これに対して給与を受けてはならない［重複給与支給の禁止］（地公法第24条第３項）。

5　**誤り**。地方公営企業職員の給与は、当該公営企業の経営の状況を考慮して定めなければならない（地公企法第38条第３項）。

正答　3

給　与②

No.42　地方公務員の給与に関する記述として妥当なのは、次のどれか。　**（東京都管理職試験改題）**

1　職員の給与は、条例に基づいて支給されなければならず、また、これに基づかずには、いかなる金銭又は有価物も職員に支給してはならないと規定されており、職員の表彰の副賞として金品を授与することは当該規定に反する。

2　地方公共団体が常勤職員に対し支給できる手当の種類については、地方自治法に定められており、これ以外の手当を条例で独自に定めて支給することはできない。

3　一般行政職員及び単純労務職員の給与については、給料表や具体的な額を条例で定めなければならないが、地方公営企業の職員の給与については、給与の種類と基準のみ条例で定めればよい。

4　教育職員のうち県費負担教職員の給与については、都道府県が負担するが、職員の身分は市町村に属するので、具体的な支給額は各職員が所属する市町村の条例で定められる。

5　休職者に対する給与については、心身の故障による休職の場合には、給与の一定割合を支給することができるが、刑事事件に関し起訴されたことに基づく休職の場合には支給することができない。

Key Point

職員の給与については、条例で定めることとされており、また、給与に関する条例に定める内容も法で列挙されている（地公法第24条第５項、第25条）。ただし、昇給に関する規定など、具体的な内容等については、条例の委任により規則で定められることが多い。

職員の給料に関する事項については、条例で定めなければならないこととされている（条例主義）。その趣旨は、職員の給与について**議会での審議を経て決定**することで、住民の理解を得ること、また、**労働基本権の制約を受ける地方公務員に対して勤務条件を保障**することにあると考えられる。

判例も、職員の給与については「地方公務員の勤務条件が法律及び地方公共団体の議会の制定する条例によって定められ、また、その給与が地方公共団体の税収等の財源によってまかなわれるところから、もっぱら当該地方公共団体における政治的、財政的、社会的その他諸般の合理的な配慮によって決定されるべきものである」と述べている（最判昭51.5.21）。

給与、勤務時間その他の勤務条件

1　**誤り**。給与とは、労基法に定める賃金と同意義のものであり、職員表彰の副賞としての金品は給与に当たらない。

2　**正しい**。自治法第204条第２項のとおり。

3　**誤り**。単純労務職員の給与についても、地方公営企業の職員と同様に、給与の種類と基準のみ条例で定めればよい。

4　**誤り**。県費負担職員に適用する給与条例は、給与を負担する都道府県が定めるという支払団体主義がとられている（地教行法第42条）。

5　**誤り**。休職者に対しては、条例の定めるところにより、給与の一定割合が支給される。

正答　2

勤務時間

No.43　地方公務員法に規定する給与又は勤務時間に関する記述として、妥当なのはどれか。　**（特別区管理職試験出題）**

1　職員の勤務時間は、条例で委任することにより全面的に規則で定めることができるが、給与については、条例でそのすべてを定めなければならない。

2　職員の給与は、法律又は条例により特に認められた場合を除き、直接職員にその全額を支払わなければならず、委任状により受任者に一括して支払うことはできない。

3　職員の勤務時間を定めるに当たっては、国及び他の地方公共団体の職員並びに民間事業の従事者との間に権衡を失わないように適当な配慮が払われなければならない。

4　職員の給与や勤務時間について、人事委員会は、毎年少なくとも1回、給料表や勤務時間が適当であるかどうかについて、地方公共団体の議会及び長に同時に勧告しなければならない。

5　職員は、修学部分休業又は高齢者部分休業の承認を受けた場合には、その休業により勤務しない時間の給与について減額されることはない。

Key Point

勤務時間についても、地公法において①均衡の原則②条例主義の2つの原則が定められている。ただし、人事委員会の勧告制度がないこと、ほぼ全面的に労働基準法の適用を受けることなど、給与の原則と異なる点も存在する。

勤務時間については、給与と同様、職員の勤務条件としての重要性に鑑み、**地公法において２つの原則を法定**している。

また、地方公務員の勤務時間については、国及び他の地方公共団体との均衡については明記されているが、民間との均衡は明記されていない。ただ、労働基準法の適用を全面的に受けていることなどを考えると、実質的には民間の動向を配慮して定めるべきものと考えられる。平成16年改正により追加された「修学部分休業（地公法第26条の２）」及び「高齢者部分休業（同第26条の３）」について、目的、要件、期間、休業時間等について確認しておくこと。

給与、勤務時間その他の勤務条件

1　**誤り**（地公法第24条第５項）。

2　**正しい**。委任状により受任者に一括して支払うことはできない（行実昭27.12.28）。

3　**誤り**。勤務時間については、民間との権衡の考慮規定はない（地公法第24条第４項）。

4　**誤り**。勤務時間について、議会及び長に同時に勧告する規定はない（地公法第26条）。

5　**誤り**。いずれも給与は減額される（地公法第26条の２第３項、第26条の３第２項）。

正答　2

分限処分①

No.44　地方公務員法における分限処分に関する記述として妥当なのは、次のどれか。　**(東京都管理職試験改題)**

1　職員は、条例で定める事由による場合でなければ、その意に反して降任されることはなく、また規則で定める事由による場合でなければ、その意に反して降給されることはない。

2　任命権者は、職制若しくは定数の改廃又は予算の減少による廃職又は過員を生じた場合、その意に反して職員を降任することができるが、職責の同意がなければ免職することはできない。

3　任命権者は、地方公務員法又は条例で定める事由による場合でなければ、職員の意に反してこれを休職させることはできないが、職員が刑事事件に関し起訴された場合は、その意に反してこれを休職させることができる。

4　職員の意に反する免職の効果は、法律に特別の定めがある場合を除くほか、条例で定めなければならないが、その意に反する降任の効果については、規則で定めることができる。

5　職員の意に反する休職の効果は、地方公務員法に特別の定めのある場合を除くほか、規則で定めなければならないが、任命権者は、その裁量により休職中の職員に対して給与を支給することができる。

Key Point

処分事由について、「降任」、「免職」は法律、「休職」は法律又は条例、「降給」は条例でそれぞれ規定する必要がある（地公法第27条第２項）。

それぞれの区分の手続及び効果を定めるためには、条例の制定が必要である（地公法第28条第３項）。

職員の基本的権利は、その**身分保障**と、給与その他の**経済的権利**の２つであり、更にこれらを支えるための**保障請求権（措置要求と審査請求）**、**勤労基本権**等が認められている。

職員の身分保障は、職員にとって不利益処分である分限処分及び懲戒処分を、法律及びこれに基づく条例で定める場合以外は認めないという形で具体化されている。分限処分や懲戒処分が不当に行われた場合は、不利益処分に関する審査請求を行う権利が認められ（地公法第49条の２）、さらに違法なこれらの処分については、行政事件訴訟法に基づいて出訴することができる。

1　**誤り**。降任・免職の要件は、(1) 人事評価又は勤務の状況を示す事実に照らして、勤務実績が良くない場合、(2) 心身の故障のため、職務の遂行に支障があり、又はこれに堪えない場合、(3) その職に必要な適格性を欠く場合、(4) 職制若しくは定数の改廃又は予算の減少により、廃職又は過員を生じた場合の４つが法定されており、事由を条例で定めることはできない。

2　**誤り**。職員の同意は必要ない。

3　**正しい**。休職の要件としては、(1) 心身の故障のため、長期の休養を要する場合、(2) 刑事事件に関し起訴された場合の２つが法定されているが、条例によっても休職の要件を定めることができる。

4　**誤り**。降任、免職、休職、降給のすべての事由につき、職員の意に反する場合の手続及び効果は、法律に特別の定がある場合を除く外、条例で定めなければならない。

5　**誤り**。上記４と同じ。

正答　3

分限処分②

No.45　地方公務員法に定める分限処分としての休職に関する記述として妥当なのは、次のどれか。　**（東京都管理職試験改題）**

1　任命権者は、職員本人の願い出による休職を分限処分として発令できるが、この場合には、休職期間中いかなる給与も支給してはならない。

2　任命権者は、定数の改廃又は予算の減少により過員を生じた場合、休職満期後の復職発令を条件として、職員を休職とすることができる。

3　任命権者は、職員が心身の故障のため長期の休養を要する場合、職員の意に反して、条例の定める期間の範囲内で、休職とすることができる。

4　任命権者は、職員が採用される以前から刑事事件に関し起訴されている事実が判明した場合は停職処分とし、休職処分をしてはならない。

5　任命権者は、条件付採用期間中の職員が勤務実績の良くない場合は、服務義務違反の責任を問うため、これを休職にすることができる。

Key Point

本人依頼による分限処分の可否については、法解釈に争いがある。

刑事事件における起訴状態のときは、いつでも休職処分を行うことができる。

条件付採用や臨時的任用の職員については、分限処分の適用はない。

職員本人の依頼による休職については、最高裁判例（昭35.7.26）では「あえて無効にすることはない」とする一方、行政実例（昭38.10.29）では「依頼休職は認められない」としている。また、休職中の給与は、給与条例で定められるが、給与法上は、100／100から60／100以内までの各段階がある。

刑事事件の起訴との関係については、起訴前に休職にすることはできないが、休職は起訴と同時にしなければならないものではなく、**起訴の状態が続いている限りいつでも行うことができる**。なお、在籍専従職員が起訴されたときも、休職処分にすることができる（行実昭38.9.20）。

なお、休職中の職員から自発的に退職の願出があった場合、休職のまま退職させて差し支えない（行実昭27.10.24）。

条件付採用期間中の職員について分限事由を定める規定が適用されない趣旨は、その職員は能力を実証中であり、**もし勤務成績不良で能力に欠けることがあった場合、身分保障を与えることなく一方的に処分をなしうること**である。

1　**誤り**。分限処分は職員の意に反する処分であり、職員本人の依頼による休職を分限処分として発令できるか否かについては、法解釈上争いがある。また、休職期間中であっても一定の条件の下では給与が支払われることになる。

2　**誤り**。休職満期後の復職発令の条件に関係なく、この場合は降任又は免職の事由となる（地公法第28条第1項第4号）。

3　**正しい**（地公法第28条第2項）。

4　**誤り**。採用以前から起訴されている事実があり、採用後にそれが判明した場合にも、判明後に休職処分を行うことができる（行実昭37.6.14）。

5　**誤り**。条件付採用期間中の職員については、分限事由を定める規定は適用されない（地公法第29条の2第1項）。

正答　3

分限処分③

No.46　地方公務員法に定める分限に関する記述として、妥当なのはどれか。　**（東京都主任試験出題）**

1　職員は、条例で定める事由による場合でなければ、その意に反して、降任され、若しくは免職されることはない。

2　職員は、条例又は規則で定める事由による場合でなければ、その意に反して、休職されず、又、降給されることがない。

3　職員の退職願の撤回は、免職辞令の交付後も、原則自由であるが、これを撤回することが信義則に反する場合は、許されないとされる。

4　職員が、心身の故障のため、長期の休養を要する場合には、刑事事件に関し起訴された場合と同様に、職員の意に反してこれを休職することができる。

5　職員の意に反する降任、免職、休職、及び降給の手続及び効果は、任命権者及び議会の同意を得て、人事委員会が定める。

Key Point

処分事由について、「降任」、「免職」は法律、「休職」は法律又は条例、「降給」は条例でそれぞれ規定する必要がある（地公法第27条第２項）。それぞれの区分の手続及び効果を定めるためには、条例の制定が必要である（地公法第28条第３項）。

	（処分形態）	（事　由）
分限処分	降任 免職	①人事評価又は勤務の状況を示す事実に照らして勤務実績が良くない場合 ②心身の故障のため、職務の遂行に支障があり、又はこれに堪えない場合 ③その職に必要な適格性を欠く場合 ④職制若しくは定数の改廃又は予算の減少により廃職又は過員を生じた場合 （地公法第 28 条第 1 項）
	休職	①心身の故障のため、長期の休養を要する場合 ②刑事事件に関し起訴された場合 （地公法第 28 条第 2 項）
	降給	各地方公共団体が条例で定める （地公法第 27 条第 2 項）
懲戒処分	戒告 減給 停職 免職	①地方公務員法等又はこれに基づく条例、地方公共団体の規則若しくは地方公共団体の機関の定める規程に違反した場合 ②職務上の義務に違反し、又は職務を怠った場合 ③全体の奉仕者たるにふさわしくない非行のあった場合　（地公法第 29 条第 1 項）

1　**誤り**。「降任」及び「免職」の処分事由は法定事項である（地公法第27条第 2 項）。

2　**誤り**。休職は法律又は条例、降給は条例で規定する事由によらなければならない（地公法第27条第 2 項）。

3　**誤り**。撤回は原則としてできない。

4　**正しい**（地公法第28条第 2 項第 1 号）。

5　**誤り**。各区分の手続及び効果は条例で定める必要がある（地公法第28条第 3 項）。

正答　4

分限処分④

No.47　地方公務員法に定める分限処分に関する記述として、妥当なのはどれか。　**（東京都管理職試験出題）**

1　分限処分は、主として公務における規律と秩序の維持を目的として行われ、このうち免職は地方公務員法に定める場合に限定されるが、降任、休職、降給は、同法のほか条例で定める事由でも行うことができる。

2　分限処分を行うに際しては、任命権者は職員に対し処分の事由を記載した説明書を交付しなければならないが、この説明書の交付がなされなかったとしても、当該処分の効力に影響を与えない。

3　職制若しくは定数の改廃又は予算の減少により廃職又は過員を生じた場合は、その意に反して職員を降任することはできるが、免職することはできず、他の職への配置転換をしなければならない。

4　職員が刑事事件に関し起訴され、分限処分としての休職処分を受けた場合、当該職員は、職員としての身分は保有するが、心身の故障のため長期の休養を要する場合の休職処分と異なり、公務上の影響が大きいため、職は保有しない。

5　降給は、職員が現に決定されている給料の額よりも、一定期間に限って低い額の給料に決定する処分であり、降任処分に伴い給料が低くなることや人事異動に伴い職務や責任の変更により給料が低くなることも降給処分に当たる。

Key Point

分限処分は、「その旨を記載した書面」の交付（要式行為）が必要である。

労基法上の解雇予告及び解雇手当は、天災事変その他の場合で、労働基準監督機関の許可を得た場合には必要ない。

職員に対し不利益な処分を行う場合は、その処分の事由を記載した説明書を交付しなければならない（地公法第49条第１項）が、この説明書の交付、不交付は、**処分の効力に影響を及ぼさない**と解されている。

また、行政実例（昭27.9.20）においても、「処分説明書の交付は、地公法第49条の規定により義務づけられたものであって、分限処分の効果とは無関係である。分限処分はそもそも要式行為であり、『その旨を記載した書面』を交付することによってその効力を生ずるものと解する」とされている。

職員を分限免職する場合も労基法の規定には従わなければならない。労基法では、任命権者が職員を分限免職しようとするときは、少なくとも**30日前に予告**しなければならず、その予告をしないときは**30日分以上の平均賃金を支給**しなければならないと規定されている。ただし、天災事変その他やむを得ない事由のために事業の継続が不可能となった場合、又は本人の責に帰すべき場合で、いずれも労働基準監督機関の許可を得た場合、解雇の予告及び予告手当の支給のいずれも必要としない。

分限及び懲戒

1　**誤り**。地公法：降任・免職、法又は条例：休職、条例：降給（地公法第27条第２項）。

2　**正しい**。説明書の交付は効力発生要件ではない。

3　**誤り**。免職も可能（地公法第28条第１項）。

4　**誤り**。休職とは、職を保有したまま、一定期間職務に従事させない処分をいう。

5　**誤り**。降任処分に伴い給料が低くなることは、降給処分に当たらない（行実昭28.2.23）。また職務と責任が変更されて給料が下がる場合も、降給には該当しない（行実昭28.10.6）。

正答　2

分限処分⑤

No.48　分限処分に関する記述として、地方公務員法上、妥当なのは、次のどれか。　**（特別区管理職試験改題）**

1　任命権者は、職員が、心身の故障のため長期の休養を要する場合、刑事事件に関し起訴された場合及び条例で定める休職事由に該当する場合に限り、当該職員に対し分限休職処分をすることができる。

2　職員は、地方公務員法に定める事由による場合でなければ、その意に反して免職されず、条例に定める事由による場合でなければ、その意に反して降任されることがない。

3　任命権者は、職員が心身の故障のため職務の遂行に支障がある場合は、当該職員に対し分限免職処分をすることができるが、定数の改廃により過員を生じた場合は、職員に対し分限免職処分をすることができない。

4　任命権者は、職員が心身の故障のため長期の休養を要すると認め、当該職員に対し分限休職処分をする場合、不利益処分の審査請求をすることができる旨の教示をする必要がない。

5　職員が禁錮刑に処せられた場合であっても、任命権者が当該職員に対し分限免職処分をするまでの間は、当該職員は職員たる身分を保有するので、任命権者は、直ちに当該職員に対し分限免職処分をしなければならない。

Key Point

分限処分を行う場合は、審査請求が可能である旨等の記載をした処分事由説明書の交付が必要。ただし、処分の効力には影響がない。

欠格条項に該当するときは、当然に失職する。

解説　任命権者は、職員に対し不利益な処分を行う場合は、その処分の事由を記載した説明書を交付しなければならない（地公法第49条第1項）。また、当該処分につき、人事委員会に対して審査請求をすることができる旨及び審査請求期間を記載しなければならない（地公法第49条第4項）。

一方、職員が地公法第16条各号（第2号を除く）の欠格条項に該当したとき、法律上当然にその職を失う。欠格条項は、次の4点。**（1）禁錮以上の刑に処されその執行が終了しない者、（2）当該地方公共団体で懲戒免職処分を受けてから2年を経過しない者、（3）人事委員・公平委員の職にあって、地公法上の罰則を受けた者、（4）政府を暴力で破壊することを主張する団体を結成又は加入した者。**

欠格条項に該当すれば当然に失職するもので、何らの行政処分を必要としないため、身分保障にかかる問題ではあるが、**分限処分にはあたらない**。また、処分ではないので、不利益処分の説明書交付も必要ない。

1　**正しい**（地公法第27条第2項、第28条第2号）。

2　**誤り**。「降任」も「免職」同様、法律で定める事由でなければ処分を行うことができない。

3　**誤り**。「定数の改廃により過員を生じた場合」も、「心身の故障のため職務の遂行に支障がある場合」と同様、分限による「免職」の事由となっている。

4　**誤り**。その意に反すると認める不利益処分を行う場合は、処分事由を記載した説明書を交付するとともに、審査請求が可能である旨等の記載が必要（地公法第49条第1項、第4項）。

5　**誤り**。禁錮刑に処せられた場合は、任用上の欠格条項に該当するため、条例に特別の規定がない限り、当然に失職する（地公法第28条第4項）。

正答　1

分限処分⑥

No.49　地方公務員法に定める分限処分に関する記述として妥当なのは、次のどれか。　**（東京都管理職試験出題）**

1　分限処分を行うに際しては、処分の事由を記載した説明書を交付しなければならず、この説明書の交付が処分の効力の発生要件である。

2　職制若しくは定数の改廃又は予算の減少により廃職又は過員を生じた場合は、職員を免職することができるが、その復職については、他の一般の採用と異なる優先的な取扱いをすることが認められている。

3　心身の故障のため長期の休養を要する場合は、職員を休職にすることができるが、休職中の職員は、職員としての身分は保有するが職は保有しない。

4　刑事事件に関し起訴された場合は、公務に対する住民の信頼を損ねるので、犯罪の成否、身体の拘束の有無にかかわらず、必ず職員を休職にしなければならない。

5　分限処分としての降任は、心身の故障のため職務の遂行に支障がある場合に行うことができるが、この場合には、本人の同意が必要である。

Key Point

職制・定数改廃等により免職された者の採用については、優先的取扱いが規定されている。

刑事事件に関し起訴された場合に、その職員を休職にするかどうかは、任命権者の自由裁量である。

任命権者は、職員に対し不利益な処分を行う場合は、その処分の事由を記載した説明書を交付しなければならない（地公法第49条第１項）が、説明書の交付がなくても、処分そのものが適法に行われていれば、処分は有効である。その意味で、**説明書の交付は行政不服審査法に基づく「教示」の一種と解されている**。

職制若しくは定数の改廃又は予算の減少により廃職又は過員によって離職した職員は、離職の原因に関する限り本人の責任とはいえないので、その復職に際しての資格要件、任用手続及び任用の際の身分について、人事委員会の定めるところにより、**他の採用と異なる優先的な取扱い**をすることが認められている（地公法第17条の２第３項）。

刑事事件に関し起訴された場合にその職員を休職にするかどうかは、任命権者の自由裁量の範囲であり、犯罪の成否、身体の拘束の有無を問わない（東京高判昭35.２.26）。

分限及び懲戒

1　**誤り**。説明書の交付は、処分の発生要件ではない。

2　**正しい**。

3　**誤り**。休職とは、職を有したまま、職員を一定期間職務に従事させない処分である。

4　**誤り**。刑事事件に関し起訴された場合にその職員を休職にするかどうかは、任命権者の自由裁量の範囲（東京高判昭35.２.26）。

5　**誤り**。分限処分は職員の意に反する処分なので、本人の同意は不要。

正答　2

分限処分⑦

No.50　分限処分に関する記述として、地方公務員法上、妥当なのは、次のどれか。　**（特別区管理職試験改題）**

1　任命権者は、同一の事由に基づき、二つの分限処分を併せて行うことができないので、収賄事件で起訴された職員に対し、分限休職と分限降任の処分を併せて行うことができない。

2　分限処分は、職員に対する不利益処分に該当するので、任命権者が分限処分を行う場合、処分の事由を記載した説明書を交付しなければならず、この説明書を欠いた分限処分は、当然に無効である。

3　分限処分では、個々の事実が単一では免職の事由とするに足りないものを積み重ねて、分限免職事由とすることはできない。

4　登録を受けた職員団体の役員として専ら従事することについて任命権者の許可を受けた職員が、刑事事件に関し起訴された場合、任命権者は、その職員に対し、分限休職処分を行うことができる。

5　職員の意に反する降任、免職、休職及び降給の手続及び効果は、法律に特別の定めがある場合を除くほか、人事委員会又は公平委員会の規則で定めなければならない。

Key Point

分限処分（休職と降任）を併せて行うことは可能

在籍専従職員が刑事事件に関し起訴されたときも分限処分は可能

分限処分において、異なる効果を持つ処分を併せて行うことは可能である。具体的に、分限休職と分限降任の処分の併用につき、行政実例が存在する（昭43.3.9）。

任命権者は、職員に対し不利益な処分を行う場合は、その処分の事由を記載した説明書を交付しなければならない（地公法第49条第1項）が、説明書の交付がなくても、処分そのものが適法に行われていれば、処分は有効である。その意味で、説明書の交付は行政不服審査法に基づく「教示」の一種と解されている。

したがって、**説明書を交付しなかった場合は、救済機関である人事委員会又は公平委員会はもとより、処分者（任命権者）に対して審査請求書を提出できる。**

1　**誤り**。分限休職と分限降任の処分を併せて行うことは可能（行実昭43.3.9）。

2　**誤り**。処分事由説明書を欠いても、処分の効力には影響がない（行実昭27.9.20）。

3　**誤り**。個々の事実を総合して判断し、それらが積み重ねられ全体として評価されるときは、分限免職の処分事由となる（高松高判昭38.10.21）。

4　**正しい**。在籍専従職員が刑事事件に関し起訴されたときも、休職処分に付すことができる（行実昭38.9.20）。

5　**誤り**。法律に特別の定めがある場合を除くほかは、条例で定めなければならない（地公法第28条第3項）。

正答　4

分限処分⑧

No.51　地方公務員法に規定する分限処分に関する記述として妥当なのは、次のどれか。　**(特別区管理職試験出題)**

1　任命権者は、職制若しくは定数の改廃又は予算の減少に基づく廃職又は過員により職員を分限免職とした場合の当該職員の復職について、他の採用と異なる事項を定めることが一切できない。

2　任命権者は、職員がその採用以前から起訴されている事実があり、採用後にそれが判明した場合であっても、当該職員に対し休職処分を行うことができる。

3　任命権者は、職員が公務上負傷し、又は疾病にかかり、療養のために休養する期間は、当該職員を分限免職することが一切できない。

4　任命権者は、分限処分を行う場合、職員に処分の事由を記載した説明書を交付しなければならず、この交付がなされなければ、当該処分の効力が発生しない。

5　任命権者は、職員が心身の故障のため長期の休養を要するとき、当該職員を分限処分として降任することができる。

Key Point

職制若しくは定数の改廃又は予算の減少により、廃職又は過員により職員を分限免職処分とした場合、当該職員は優先的に復職できる。

休職処分は、起訴の状態が続いている限りいつでも行うことができる。

公務上の負傷、疾病による療養期間は労基法上保護されているが、例外があり、分限処分は可能である。

職制若しくは定数の改廃又は予算の減少により廃職又は過員によって離職した職員は、離職の原因に関する限り本人の責任とはいえないので、**その復職に際しての資格要件、任用手続及び任用の際の身分について、人事委員会の定めるところにより、他の採用と異なる優先的な取扱いをすることが認められている**（地公法第17条の２第３項）。

起訴との関係については、休職は起訴と同時にしなければならないものではなく、起訴の状態が続いている限りいつでも行うことができる。採用以前から起訴されている事実があり、採用後にそれが判明した場合も、判明時以後に休職処分を行うことができる（行実昭37.6.14）。

職員を分限免職する場合も労基法の規定には従わなければならない（第58条第３項）。労基法では、職員が公務上負傷し、又は疾病にかかり、療養のために休養する期間及びその後の30日間、並びに産前産後の女子職員が休業する期間及びその後の30日間は、解雇することができない。ただし、例外として天災事変その他やむを得ない事由により、事業の継続が不可能となった場合で労働基準監督官庁の許可を得た場合はこの限りではない（労基法第19条）。

分限及び懲戒

1　**誤り**。他の採用と異なる優先的取扱いが可能（地公法第17条の２第３項）。

2　**正しい**。

3　**誤り**。労基法の適用はあるが、例外が認められる。

4　**誤り**。任命権者は、職員に対し不利益な処分を行う場合は、その処分の事由を記載した説明書を交付しなければならない（地公法第49条第１項）が、説明書の交付がなくても、処分そのものが適法に行われていれば、処分は有効である。

5　**誤り**。この場合は「休職」処分が可能（地公法第28条第２項）。

正答　2

分限処分⑨

No.52　地方公務員法に規定する分限処分に関する記述として、妥当なのはどれか。　**(特別区管理職試験改題)**

1　職員は、地方公務員法で定める事由による場合でなければ、分限免職されず、条例で定める事由による場合でなければ、分限降任されることがない。

2　任命権者は、登録を受けた職員団体の役員として専ら従事することについて任命権者の許可を受けた職員が、刑事事件に関し起訴された場合、分限休職することはできない。

3　任命権者は、職制若しくは定数の改廃又は予算の減少により廃職又は過員を生じた場合、職員を分限休職することはできるが、分限免職することはできない。

4　分限処分による降任、免職、休職及び降給の手続き及び効果は、法律に特別の定めがある場合を除くほか、条例で定めなければならない。

5　任命権者は、人事評価又は勤務の状況を示す事実に照らして、職員の勤務実績が良くない場合、これを分限降任又は降給することはできるが、分限免職することはできない。

Key Point

分限処分の法定事由は、「降任」、「免職」につき４つ、「休職」につき２つである（地公法第28条第１項、第２項）。

「降給」の事由については、条例で定めることになっている（地公法第27条第２項）。

懲戒処分の法定事由は３つである（地公法第29条第１項）。

欠格条項にあてはまる場合は、当然に失職する（地公法第28条第４項）。

分限処分を行う場合は、不服申立てが可能である旨等の記載をした処分事由説明書の交付が必要。ただし、交付の有無は、処分の効力には関係ない。

分限処分である**「降任」、「免職」の法定事由**は、(1) 人事評価又は勤務の状況を示す事実に照らして、勤務実績が良くない場合、(2) 心身の故障のため、職務の遂行に支障があり、又はこれに堪えない場合、(3) その職に必要な適格性を欠く場合、(4) 職制若しくは定数の改廃又は予算の減少により、廃職又は過員を生じた場合という４つ（地公法第28条第１項）。また、**「休職」の法定事由**は、(1) 心身の故障のため、長期の休養を要する場合、(2) 刑事事件に関し起訴された場合の２つ（地公法第28条第２項）。なお、**「降給」も分限処分であり、その事由**は各地方公共団体が条例で定めることになっている（地公法第27条第２項）。

一方、懲戒処分については、**「戒告」、「減給」、「停職」、「免職」が可能となる法定事由**として、(1) 地方公務員法等又はこれに基づく条例、地方公共団体の規則若しくは地方公共団体の機関の定める規程に違反した場合、(2) 職務上の義務に違反し、又は職務を怠った場合、(3) 全体の奉仕者たるにふさわしくない非行のあった場合の３つがあげられている（地公法第29条第１項）。

分限及び懲戒

1　**誤り**。法に定める事由により分限降任される（地公法第28条第１項）。

2　**誤り**。休職処分可能（行実昭38.９.20）。

3　**誤り**。分限降任と分限免職事由（地公法第28条第１項第４号）。

4　**正しい**（地公法第28条第３項）。

5　**誤り**。免職可能（地公法第28条第１項第１号）。

正答　4

懲戒処分①

No.53　地方公務員法に定める懲戒処分に関する記述として、妥当なのはどれか。　**（東京都主任試験改題）**

1　懲戒処分の種類は、戒告、減給、停職及び免職が法定されているが、条例でこれ以外の懲戒処分を定めることもできる。

2　条件付採用期間中の職員は、懲戒処分に関する規定は適用されず、また不利益処分に関する審査請求もできない。

3　減給は、一定期間職員の給料等を減ずる処分であり、その減額の範囲は条例に規定されているが、地方公営企業職員及び単純労務職員の減額については、労働基準法の規定が適用される。

4　懲戒免職を行う場合、解雇に関しての労働基準法の規定は適用されず、当該処分を受ける職員に対し、解雇予告や解雇予告手当の支払いを行うことを必要としない。

5　職員が懲戒免職処分を受けた場合は、その後、再び当該地方公共団体だけでなく、他の地方公共団体の職員となることもできない。

Key Point

懲戒処分を行うためには、地公法第29条第１項に掲げる３つの事由のいずれかに該当したこと、すなわち、それぞれの結果が発生したことが必要であり、また、その結果の発生について職員に主観的要件、すなわち、故意又は過失があったことを必要とする。

およそ職員の身分取扱いは、常に公正でなければならないが、**分限及び懲戒が職員にとって最も不利益な身分取扱い**である以上、その取扱いにとりわけ公正を期さなければならない。

懲戒処分を行うことができるのは、

① 地方公務員法又はこれに基づく条例、地方公共団体の規則若しくは地方公共団体の機関の定める規程に違反した場合

② 職務上の義務に違反し、又は職務を怠った場合

③ 全体の奉仕者たるにふさわしくない非行のあった場合

のいずれかに該当する場合であり、その場合は以下の４つの処分を行うことができる

種類	内　　　　容
戒告	職員の規律違反の責任を確認し、その将来を戒める処分
減給	一定期間、職員の給料の一定割合を減額して支給する処分
停職	職員を懲罰として職務に従事させない処分
免職	職員を懲罰として勤務関係から排除する処分

1　**誤り**。他の処分を定めることができるとまでは言っていない。

2　**誤り**。分限処分と異なり、懲戒処分は適用される。ただし、不利益処分に対する審査請求はできない。

3　**正しい**。労基法第91条の規定が適用される。

4　**誤り**。懲戒免職については、労基法第20条の適用がある（地公法第58条第３項）。

5　**誤り**。当該団体は処分後２年、他団体は２年経過しなくても職員となることは可能（地公法第16条第３号、行実昭26.2.1）。

正答　3

懲戒処分②

No.54　地方公務員法に定める懲戒処分に関する記述として妥当なのは、次のどれか。　**(東京都管理職試験改題)**

1　同一地方公共団体の異なる任命権者に属する職を兼職している職員に対しては、いずれの任命権者も懲戒処分を行うことができるが、一方の任命権者が行った懲戒処分は他方の任命権者を拘束しない。

2　懲戒処分の種類は法定され、いずれの処分を行うかは任命権者の裁量に任されており、数個の義務違反に対して一つの懲戒処分を行うこともでき、一つの義務違反に対して二種類以上の処分を併せて行うこともできる。

3　懲戒処分の撤回は、処分を行った任命権者の判断によって行うことができるが、懲戒処分の取消は、人事委員会若しくは公平委員会の判定又は裁判所の判決によってのみ行うことができる。

4　任命権者は、懲戒処分を行うにあたっては、処分を受ける職員に対して、処分の事由及び審査請求の教示を記載した不利益処分に関する説明書を交付しなければならないが、この説明書の交付の有無は処分の効力に影響しない。

5　懲戒処分は、分限処分と制度の趣旨が異なるが、処分の効果には共通するものがあり、任命権者は、無給休職中の職員に対して、重ねて減給処分や停職処分を行うことはできない。

Key Point

懲戒処分の事由、種類については法定されているが、手続き及び効果は、法律に特別の定めがある場合を除くほか、条例で定めなければならない。

4つの懲戒処分は、戒告、減給、停職、免職の4つがある（詳細はNo.53の解説参照）。

なお、**労基法による懲戒処分の制限に注意**する。

① **公務災害及び産前産後と懲戒免職**

職員が公務上負傷し、または疾病にかかり、療養のために休養する期間及びその後30日間並びに産前産後の休業期間及びその後30日間は、懲戒免職することはできない。

② **解雇予告及び予告手当**

天災事変その他やむを得ない事由のために事業の継続が不可能となった場合または職員の責に帰すべき事由に基づいて解雇する場合で、いずれも行政官庁の認定を受けた場合には、解雇予告または予告手当の支給なしに懲戒免職することができる。

③ **減給の制限**

地方公営企業職員及び単純労務職員には労働基準法第91条が適用されるため、これらの職員を減給処分にするときは、その1回の額が平均賃金の1日分の半額を超え、総額が給与支給期における給与の総額の10分の1を超えてはならない。

1 **誤り**。任命権者が同一地方公共団体に属する場合は、一方の処分が他方の任命権者の行為を拘束する場合がある（行実昭31.3.20）。

2 **誤り**。1つの義務違反に対して2種類以上の処分の併課はできない（行実昭29.4.15）。

3 **誤り**。懲戒処分の取消し又は撤回は、任命権者がすることは許されず、人事委員会若しくは公平委員会の判定又は裁判所の判決によってのみできる。

4 **正しい**。

5 **誤り**。無給休職中の職員に対しても、減給処分や停職処分を行い得る（行実昭31.3.20）。

正答　4

懲戒処分③

No.55　懲戒処分に関する記述として妥当なのは、次のどれか。

（東京都管理職試験改題）

1　職員が同一の地方公共団体において任命権者を異にして異動した場合、その任用行為は別個になされるが、前の任命権者の下における義務違反について、後の任命権者が懲戒処分をすることはできない。

2　職員が同一の地方公共団体において一度退職した後再び任用された場合、任命権者は、その職員の退職前の義務違反が新たに明らかになったときは、この義務違反について懲戒処分をすることができる。

3　職員が異なる地方公共団体の職を兼職している場合、職員の職務上又は身分上の義務違反について、一方の地方公共団体の任命権者が行った懲戒処分は、他方の地方公共団体の任命権者を拘束する。

4　任命権者は、職員に対して行った懲戒処分がその裁量において軽きに失したことを理由としてこれを取消すことができ、この場合同一の義務違反について改めて懲戒処分をすることができる。

5　任命権者は、同一の職員に数個の義務違反がある場合、その個々の義務違反について別個の懲戒処分をすることはできず、その全体を勘案して一の懲戒処分をしなければならない。

Key Point

地方公務員法の改正（平成11年）によって、再び任用された職員に対し、退職前に生じた事由を理由として懲戒処分を行うことが可能となった。

平成11年７月に、懲戒制度の一層の適性化を図るためとして、**退職した職員が再び職員として採用された場合**において当該退職及び採用が一定の要件に該当するときは、**退職前の在職期間中に生じた事由を理由として懲戒処分を行うことができる旨の改正**がなされた。これは、平成10年前後に国家公務員の不祥事が相次いで発覚し、国民の強い批判の的となっていたが、当該不祥事が引き起こされた後それが発覚するまでの間に公社公団などの特殊法人や地方公共団体に勤務したことがある者が多く、勤務が中断しているが故に懲戒処分を行うことができないという形式的な説明に対して、各方面からの批判が殺到し、立法的にその批判に応えることとなったものである。

1　**誤り**。職員が同一の地方公共団体において任命権者を異にする異動があった場合についても、同一の特別権力関係に属しているので、前の任命権者における義務違反について、後の任命権者は懲戒処分をすることができる。

2　**正しい**。

3　**誤り**。職員が異なる地方公共団体の職を兼務している場合、それぞれの地方公共団体の任命権者は、独自の立場で懲戒処分を行うことができるものであるが、一方の任命権者の懲戒処分は、他の任命権者を拘束することにはならない（行実昭31.3.20）。

4　**誤り**。懲戒処分のように１回限りで完結する行政行為は、処分権者といえども、取消し又は撤回することができない。取消しについて正当な権限を有する機関（人事委員会又は公平委員会）の判定又は裁判所の判決によってのみ取消すことができる（大阪地裁平21.7.1等）。

5　**誤り**。個々の義務違反について別個の懲戒処分を行うことも、又は全体を勘案して一の懲戒処分を行うことも可能。

正答　2

懲戒処分④

No.56　地方公務員法に定める懲戒処分に関する記述として妥当なのは、次のどれか。　**（東京都管理職試験改題）**

1　任命権者は、職員が異なる地方公共団体の職を兼職している場合、その職員の職務上の義務違反については、それぞれ独自の立場で懲戒処分を行うことができるが、一方の任命権者の懲戒処分は他方の任命権者を拘束する。

2　任命権者は、職員の義務違反に対し、免職、停職、減給及び戒告のいずれかの処分を行うことができるが、その職員が一つの地方公共団体に属している場合、一つの義務違反に対して２種類以上の懲戒処分を併課することはできない。

3　任命権者は、懲戒処分と分限処分とはその目的と性格を異にするもので、同一事由について懲戒処分と併せて分限処分を行うことができず、必ずそのいずれか一方の処分を行うかを選択しなければならない。

4　任命権者は、職員の懲戒の手続及び効果に関する条例に基づいて懲戒処分を行うこととされており、懲戒処分を行う場合には職員に不利益処分の説明書を交付しなければならず、これを欠く処分は無効である。

5　任命権者は、職員の義務違反があった場合、臨時的任用職員については、裁量により懲戒処分を行うことはできるが、条件付採用期間中の職員については、この期間中には懲戒処分を行うことはできない。

Key Point

懲戒処分は、特定の者の間における勤務関係において、その秩序を維持するための制裁である。

解説 懲戒処分とは、当該公務員に職務上の義務違反、その他、単なる労使関係の見地においてではなく、国民全体の奉仕者として、公共の利益のために勤務することをその本質的な内容とする勤務関係の見地において、公務員としてふさわしくない非行がある場合に、**その責任を確認し、公務員関係の秩序を維持するため、科される制裁**である（最判昭52.12.20）。

職員の一定の義務違反に対する道義的責任を問うことにより、公務における規律と秩序を維持することを目的とする処分である。

1　**誤り**。職員が異なる地方公共団体の職を兼職している場合、一方の地方公共団体の任命権者の懲戒処分は、他方の地方公共団体の任命権者を拘束しない。なお、職員が同一の地方公共団体の異なる任命権者に属する職を兼職している場合には、一方の任命権者の懲戒処分は、他方の任命権者を拘束する。

2　**正しい**。

3　**誤り**。同一事由について懲戒処分と併せて分限処分を課すことはできる（行実昭42.6.15）。

4　**誤り**。任命権者は、職員に対し、懲戒その他その意に反すると認める不利益な処分を行う場合においては、処分の事由を記載した説明書を交付しなければならない（地公法第49条第1項）が、説明書を欠いても処分の効力に影響はない。

5　**誤り**。条件付採用期間中の職員についても、懲戒処分を行うことはできる。なお、条件付採用期間中の職員及び臨時的任用職員は、分限に関する規定及び不利益処分の審査請求に関する規定の適用がない（地公法第29条の2第1項）。

正答　2

懲戒処分⑤

No.57　地方公務員法に規定する懲戒処分に関する記述として、妥当なのはどれか。　**(特別区管理職試験改題)**

1　刑事事件の取調べ中に処分保留になった職員に対して、当該取調べが完了し、その処分の決定が明らかになるまでは、懲戒処分を行うことができない。

2　再任用職員に採用された職員に対し、定年退職者となった日までの引き続く職員としての在職期間に職務上の義務に違反したことを理由として、懲戒処分を行うことは一切できない。

3　二重給与禁止の規定により何らかの給与の支給を受けることなく兼務している職の執行に関して懲戒処分を行う場合に、減給処分として本務に対する給与を減額することができる。

4　懲戒処分を受けた職員が一定期間職務に精励した場合に、条例でその処分そのものを消滅させるという規定を設けることができる。

5　一つの事件につき職員を懲戒処分する場合、最初の１か月を停職処分とし、その後の２か月を減給処分とすることができる。

Key Point

職員が一旦退職し、職員以外の職についた後、再度職員となった場合で、一定の要件に該当するときは、退職前の事由を理由として懲戒処分を行うことができる。

退職した職員が再び職員として採用された場合において当該退職及び採用が一定の要件に該当するときは、退職前の在職期間中に生じた事由を理由として懲戒処分を行うことができる。ここでいう**一定の要件**とは次のとおり。

① 職員が退職して就任する職が特別職地方公務員等に該当すること

② 職員が任命権者の要請に応じて特別職地方公務員等となるために退職したこと

③ 特別職地方公務員等として在職した後、任命権者の要請に応じて特別職地方公務員等となるために退職したことを前提として、職員として採用されたこと

④ 地方公務員法第29条第1項各号に該当する事由が、職員としての在職期間中に生じたものであること

特別職地方公務員等とは、当該地方公共団体の特別職に属する地方公務員、他の地方公共団体の地方公務員等をいう。

分限及び懲戒

1 **誤り**。処分の決定を待たず懲戒処分をすることができる（行実昭26.12.20）。

2 **誤り**。上記解説及び地公法第29条第3項。

3 **正しい**（行実昭31.3.20）。

4 **誤り**。懲戒処分そのものを消滅させることはできない（行実昭26.8.27）。

5 **誤り**。1つの義務違反に対し、2種類以上の懲戒処分を併課することはできない（行実昭29.4.15）。

正答　3

懲戒処分⑥

No.58　懲戒処分に関する記述として、地方公務員法上、妥当なのは、次のどれか。　**（特別区管理職試験出題）**

1　懲戒処分は、公務上の秩序維持を目的とするので、既に退職した者であっても、在職中に重大な懲戒処分の事由があった場合は、任命権者は、その者に対し、退職した日以前に遡って懲戒処分を行うことができる。

2　懲戒処分の行使は、任命権者の裁量的な判断に任されており、任命権者は、いったん職員に対し行った懲戒処分であっても、その職員に利益がある場合は、当該懲戒処分を撤回することができる。

3　任命権者は、職員が、職務上の義務に違反したとき、その職務を怠ったとき又は全体の奉仕者たるにふさわしくない非行を行ったときのいずれかに該当する場合に限り、その職員に対し懲戒処分を行うことができる。

4　任命権者は、特別の事情がない限り、職員の懲戒処分の事由に当たる事実を知ったときから５年を超えた場合は、その職員に対し、当該事実に基づいて懲戒処分を行うことができない。

5　職員の懲戒の手続及び効果は、法律に特別の定めがある場合を除くほか、条例で定めなければならないが、その条例が定められていない場合には、任命権者は、懲戒処分を行うことができない。

Key Point

職員は、法律で定める事由による場合以外に懲戒処分に付されることはない。懲戒処分は、職員にとって最も不利益な処分であるから、その事由はもっぱら本法で定める場合に限ることとしている。

解説　**懲戒処分の事由としては、次の3つが法定**されている。

① 地公法もしくは同法第57条に規定する同法の特例を定めた法律またはこれに基づく条例、地方公共団体の規則もしくは地方公共団体の機関の定める規程に違反した場合

② 職務上の義務に違反し、または職務を怠った場合

③ 全体の奉仕者たるにふさわしくない非行があった場合

また、懲戒処分を行うためには、これらの各事由のいずれかに該当したこと、すなわち、それぞれの結果が発生したことが必要であり、また、その結果の発生について**職員に主観的要件、すなわち、故意又は過失があったことを必要**とする。

1 **誤り**。既に退職した者については懲戒処分を行うことはできない。

2 **誤り**。懲戒処分はそれが行われた時点で完結する行政行為であり、このような行政行為は、その安定性を図る見地から処分権者といえども撤回はできない。

3 **誤り**。地公法若しくは地公法第57条に規定する特例を定めた法律又はこれに基づく条例、地方公共団体の規則若しくは地方公共団体の機関に定める規程に違反した場合にも、懲戒処分を行うことができる。

4 **誤り**。特別権力関係に服する間は懲戒処分の期限の定めはない。

5 **正しい**。懲戒の手続及び効果は、法律に特別の定めがある場合の外、条例で定めなければならない。なお、条例で執行を猶予することができる旨の規定を設けることはできない（地公法第29条第4項、行実昭27.11.18）。

正答　5

懲戒処分⑦

No.59　地方公務員法に定める懲戒処分に関する記述として妥当なのは、次のどれか。　**(東京都管理職試験改題)**

1　懲戒処分の種類として、戒告、減給、停職、免職の4種類が法定されているが、条例で定めた場合には、訓告や諭旨免職などの措置を、懲戒処分として行うことができる。

2　懲戒処分を行うかどうか、いずれの処分を行うかは、任命権者が裁量権の範囲を逸脱した場合を除き、任命権者が裁量によって決定するものであるが、一個の義務違反に対し、2種類以上の懲戒処分を併せて行うことはできない。

3　任命権者は、再任用職員に対して懲戒処分を行うことができるが、再任用職員として採用される前の在職期間中の非違行為を理由として、懲戒処分を行うことはできない。

4　条件付採用期間中の職員及び臨時的任用職員に対しては、地方公務員法の懲戒処分の規定が適用されず、条例で処分の種類や事由が定められる。

5　停職処分では、処分期間中、給与は減額して支給され、その期間は、退職手当の算定の基礎となる期間から除算される。

Key Point

職員の義務違反に対して懲戒処分をするかどうか、および懲戒処分をする場合にいずれの処分を行うかは、任命権者が裁量権の範囲を逸脱した場合を除き、任命権者が裁量によって決定すべきものとされている（最判昭52.12.20）。

社会通念上著しく重い処分は裁量権の濫用であり、平等取扱いの原則（地公法第13条）及び公正の原則（地公法第27条第１項）に従い、適切、妥当な判断をすべきものである。**複数の同じ処分事由がある者がいる場合に、その一部の者のみを懲戒処分とすることは懲戒権者の自由であるとする判決（大阪高判昭28.８.６）**がある。

なお、裁判所が懲戒処分の適否を審査する場合、社会観念上著しく妥当を欠き裁量権を濫用したと認められる場合に限り、違法と判断すべきとの判例がある（最判昭52.12.20）。

1　**誤り**。前段は正しい。しかし、訓告や諭旨免職などの措置は、懲戒処分として行うことはできない。行政実例（昭34.２.19）は、地公法上認められていない事実上の訓告は、懲戒処分としての制裁的実質を備えないものである限り、差し支えないものと解するとしている。

2　**正しい**。

3　**誤り**。再任用された職員に対し、在職期間中の行為に基づき懲戒処分をすることができる旨が定められている（地公法第29条第３項）。これは、再任用制度による採用が、退職前の職員としての良好な勤務の事実を基礎とすることから講じられたものである（平11.７.30自治省通知）。

4　**誤り**。分限処分のように、条件付採用期間中の職員及び臨時的任用職員に対する適用除外はない。すなわち、条件付採用期間中の職員または臨時的任用職員であっても、職務に従事している以上、服務規律に従うことは当然であり、その違反については懲戒処分の対象となる。

5　**誤り**。職員の非違行為に起因する制裁として行われる停職の期間中は、いかなる給与も支給されない。

正答　2

定年制

No.60　地方公務員法に規定する職員の定年による退職の特例又は定年退職者の再任用に関する記述として妥当なのは、次のどれか。 **(特別区管理職試験改題)**

1　地方公共団体の任命権者は、定年に達した職員が、その退職により公務の運営に著しい支障が生ずると認められる十分な理由がある場合、当該地方公共団体の条例により、その職員を当該職務に従事させるため、引き続いて期限の定めなく勤務させることができる。

2　地方公共団体の任命権者は、当該地方公共団体の条例により、当該地方公共団体の定年退職者を、従前の勤務実績等に基づく選考により、１年を超えない範囲内で任期を定め採用する場合、必ず常勤の職員としなければならない。

3　地方公共団体の任命権者は、当該地方公共団体の条例により、当該地方公共団体の定年退職者を常勤の職員として引き続き採用した場合、当該職員の定年退職者となった日までの在職期間中の事由に対して、その職員に懲戒処分を行うことができない。

4　地方公共団体の任命権者は、当該地方公共団体の条例により、当該地方公共団体の定年退職者を常勤の職員として採用する場合、当該職員に条件付採用期間制度を適用しなければならない。

5　地方公共団体の任命権者は、当該地方公共団体の条例により、当該地方公共団体が組織する一部事務組合の定年退職者を、従前の勤務実績等に基づく選考により、１年を超えない範囲内で任期を定め、常勤の職員として採用することができる。

Key Point

定年延長制度及び再任用制度（常勤又は短時間勤務）とも、１年を超えない範囲内で期限を定めて任用する制度である。

定年制とは、職員が一定の年齢に達し、かつ条例で定める日が到来したという事実のみをもって、当然かつ自動的に離職する制度であり、地方公共団体はその実施に当たり、所定の事項について条例で定めなければならないこととされる。

定年による退職の特例として２つの制度がある。１つは**定年延長**である。職務の特殊性や職務遂行上の特別な事情を鑑み、その退職により公務の運営に著しい支障が生ずると認められる十分な理由があるときは、任命権者が、定年退職日の翌日から起算して１年を超えない範囲内で（更新可、ただし３年を超えることはできない）、期限を定めて引き続き勤務させることができるものである。

もう１つは**再任用制度**である。任命権者は、当該地方公共団体の定年退職者等を、選考により、１年を超えない範囲内で、常時勤務又は短時間勤務を要する職に採用することができるものである。

分限及び懲戒

1　**誤り**。退職後も職務に従事させるため、退職の翌日から引き続き１年を超えない範囲内で勤務することができる（地公法第28条の３第２項）。

2　**誤り**。必ず常勤でならなければならないものではなく、短時間勤務の職の場合もある（地公法第28条の５第１項）。

3　**誤り**。在職期間中の事由に対して懲戒処分を行うことができる（地公法第29条第３項）。

4　**誤り**。条件付採用期間の制度は適用しない（地公法第28条の４第５項）。

5　**正しい**。

正答　5

失　職①

No.61　地方公務員法に定める失職に関する記述として妥当なのは、次のどれか。ただし、条例による特別の定めはないものとする。　**(東京都管理職試験出題)**

1　職員が全体の奉仕者たるにふさわしくない非行を行ったことが明らかになった場合には、当該職員はそれが明らかになった日をもって失職する。

2　職員が刑事事件に関し懲役刑に処せられたときは、その執行を受けず刑の執行猶予中の場合であっても、当該職員は判決確定の日をもって失職する。

3　職員が一定の職に就きかつその職務を遂行するうえで必要な資格免許を失ったときは、理由のいかんにかかわらず、当該職員は採用された日に遡及して失職する。

4　職員が心身の故障のため休職処分を受け、当該処分の日から2年を経過してもなお休職事由が消滅しない場合には、当該職員はその期間満了の日をもって失職する。

5　職員が他の地方公共団体において懲戒免職の処分を受け、当該処分の日から3年を経過していないことが明らかになった場合には、当該職員は採用された日に遡及して失職する。

Key Point

失職は、原則としてそれに至った理由が生じた日をもって効力を発する。

地公法第28条第４項には、職員は第16条各号（第２号を除く）のいずれかに該当するに至ったときは、条例に特別の定めがある場合を除く外、その職を失うと規定している。

失職とは、職員が一定の事由に該当することによって、**なんらの行政処分によることなく当然に離職**することであり、原則としてその事由が生じた日をもって効力を発する。

地公法第16条の各号（第２号を除く）は次のとおり。

第１号　禁錮以上の刑に処せられ、その執行を終わるまで又はその執行を受けることがなくなるまでの者

第３号　人事委員会又は公平委員会の委員の職にあって、第60条から第63条までに規定する罪を犯し刑に処せられた者

第４号　日本国憲法施行の日以後において、日本国憲法又はその下に成立した政府を暴力で破壊することを主張する政党その他の団体を結成し、又はこれに加入した者

1　**誤り**。全体の奉仕者たるにふさわしくない非行があった場合とは、懲戒処分の事由の１つであり、これだけでは失職とはならない。

2　**正しい**。執行猶予中の者であっても欠格条項に該当し（地公法第16条第１号）、判決確定の日をもって失職する。

3　**誤り**。採用日に遡及するのではなく、資格喪失日に失職するとする。

4　**誤り**。都の給与条例には、心身の故障のため休職となった場合、その期間が２年に達するまでは一定の給与が支給されるという規定はあるが、単に休職期間が２年を超過してなお休職事由が消滅しないからといって失職することはない。

5　**誤り**。懲戒免職の処分を受け２年を経過しない者であっても、当該処分を受けた地方公共団体以外の地方公共団体の職員となることは差し支えない。

正答　2

失　職②

No.62　地方公務員法に規定する職員の離職に関する記述として、妥当なのはどれか。　**(特別区管理職試験改題)**

1　条件付採用期間中の職員及び臨時的に任用された職員が、職務上の義務に違反し、又は職務を怠った場合においては、これに対し懲戒処分としての免職をすることができる。

2　職員が禁錮以上の刑などの欠格条項に該当するに至った場合は、分限による免職処分を行わなければならず、これにより当該職員は、その職を失う。

3　刑事事件に関し起訴されたため、分限処分による休職を命ぜられた職員から、自発的に退職の願い出があった場合、当該職員に復職を命ずることなく、休職のまま退職させることはできない。

4　定年による退職は、職員が定年に達した日以後における最初の３月31日までの間において、条例で定める日に免職となる分限処分の一つである。

5　定年による退職は、非常勤職員にも適用されるが、当該非常勤職員に関し、その職務と責任に特殊性があると認められる場合には、定年について条例で別の定めをすることができる。

Key Point

離職とは、職員がその身分を失うことである。

離職とは、職員がその身分を失うことをいう。現行の公務員制度の下では、職員の身分と職は一体のものとされているため、文字どおり職員が職を離れることを指す。

論理上の区分として、離職には失職と退職の２つがある。

失職とは、職員が一定の事由により、なんらの行政処分によることなく当然に離職することをいい、(1) 欠格条項該当、(2) 任用期間の満了、(3) 定年、に分けられる。

一方、**退職**とは、行政処分に基づいて離職する者であり、(1) 辞職（職員が自らの意思によって退職すること）、(2) 死亡退職、(3) 免職（職員を行政処分によってその意に反して退職させること）に分けられる。

1　**正しい**。懲戒免職は可能（地公法第29条の２）。

2　**誤り**。免職処分は不要で、当然にその職を失う（地公法第28条第４項）。

3　**誤り**（地公法第28条及び行実昭27.10.24）。

4　**誤り**。上記解説のとおり。

5　**誤り**。非常勤職員は適用されない（地公法第28条の２第４項）。

正答　1

失　職③

No.63　地方公務員の離職に関する記述として妥当なのは、次のどれか。　**（東京都管理職試験出題）**

1　辞職は、職員本人の申出によるが、辞職の効力の発生時期は辞令が交付されたときであり、それまでの間は、職員は退職願を提出した後も公務員としての身分を有する。

2　職員は、地方公務員法に定める欠格条項に該当するに至ったときは、何らの手続を要せずにその身分を失うこととされ、条例で欠格条項の一部を適用しない旨を定めることは認められない。

3　職員が公務員の身分を喪失すると、地方公共団体との間の特別権力関係は消滅し、これに基づく権利義務も消滅するものとされ、この者が在職中に行った行為については、懲戒処分を行うことができず、刑罰を科すこともできない。

4　職員が定年に達したときは、当該年度の末日までの間において条例で定める日に自動的に離職するが、その離職により公務に著しい支障が生ずる場合は、任命権者は5年を限度として、1回に限り勤務延長をすることができる。

5　職務上の義務に違反し、又は職務を怠ったことにより免職処分を受けた職員は、処分の日から2年間は、当該地方公共団体及び他の地方公共団体の職員となることができない。

Key Point

退職の効力の発生時期は、死亡による退職の場合を除き、到達主義、すなわち辞令が交付されたときであり、辞令の発信時期ではない。

解説　退職願の法律的性質であるが、本来職員の任用は行政行為であると考えられるため、その辞職についても任命権者の行政行為によらなければならないとされる。したがって、職員は退職願を提出することにより、当然かつ直ちに離職するのではなく、**退職願は本人の同意を確かめるための手続きであり、その同意を要件とする退職発令（行政行為）が行われてはじめて離職**することとなる（高松高判昭35.3.31）。

また、退職の効力の発生時期は、死亡による退職を除き、他の辞令交付による場合と同様、**法律的には到達主義**、すなわち辞令が交付されたときであり、辞令の発信の時期ではないとされている（最判昭30.4.12）。

1　**正しい**。なお、退職願の撤回は、辞令交付前なら信義則に反しない限り自由である（最判昭34.6.26）。

2　**誤り**。欠格条項に該当すると、別段の通知等を要せず法律上当然に失職するが、条例で失職しない場合を定めることができる。

3　**誤り**。退職等により特別権力関係が消滅した場合は、懲戒処分を行うことができない（行実昭26.5.15）が、刑罰を科すことはできる。

4　**誤り**。勤務延長は、定年退職日の翌日から起算して１年を超えない範囲で期限を定め、引き続き勤務させることができ、更新も可能。ただし、その期限は定年退職日の翌日から起算して３年を超えることができない（地公法第28条の３）。

5　**誤り**。懲戒免職の処分を受け２年を経過しない者であっても、当該処分を受けた地方公共団体以外の地方公共団体の職員となることは差し支えない。

正答　1

服務の宣誓

No.64　地方公務員法に定める服務の宣誓に関する記述として妥当なのは、次のどれか。　**（東京都主任試験出題）**

1　服務の宣誓は、職員が誠実かつ公正に職務を執行することを宣言する行為であり、都ではどのような内容の宣誓を行うかは職員に委ねられている。

2　服務の宣誓は、公務員の任命要件であり、宣誓を行わなかった者を公務員に任命することはできない。

3　服務の宣誓は、職員が服務上の義務を負うことを受諾する行為であり、宣誓を行うことによって公務員としての身分が付与される。

4　服務の宣誓は、単なる宣言であり、職員はその責めに帰すべき事由により宣誓を行わなかった場合においても服務上の義務違反とはならない。

5　服務の宣誓は、職員が服務上の義務を負うことを確認し、宣言する行為であり、職員の倫理的自覚を促すことを目的としている。

Key Point

地公法第31条に定める「服務の宣誓」は、職員の倫理的自覚を促すことを目的とする制度である。

服務の宣誓は、職員の倫理的自覚を促すことを目的とする制度であり、その方法等については条例で定めることとなっている。また、服務の宣誓を行うことは義務であり、職員の責めに帰すべき事由によりこれを行わなかった場合は、服務義務違反となる。

なお、職員の服務上の義務は、この宣誓を行うことによって生じるものではなく、職員として採用されたことによって当然に生じるものである。

1　**誤り**。都では、「職員の服務の宣誓に関する条例」で定められている。

2　**誤り**。「宣誓」は、職員が服務上の義務を負うことを確認し、宣言する行為であるが、任命要件ではない。

3　**誤り**。服務上の義務は、宣誓により付与されるものではなく、職員として採用されたことによって当然生ずるものである。

4　**誤り**。服務の宣誓を行うという行為自体は職員の義務であり、職員の責めに帰すべき事由により宣誓を行わない場合は、服務義務違反となる。

5　**正しい**。

正答　5

職務上の命令に従う義務①

No.65　地方公務員法に定める職務上の義務に関する記述として、妥当なのはどれか。　　**(東京都主任試験出題)**

1　職員の服務上の義務は、服務の宣誓を行うことによって生じるものではなく、職員として採用されたことによって、当然に生じるものである。

2　職員は、職務上の上司からの命令について、自分の考えと異なる場合は意見を述べることができるが、いかなる場合もその命令に従わなければならない。

3　階層的に上下の関係に立つ２人以上の上司の発した職務命令が異なるときは、下位の直属の上司の命令が優先する。

4　職務命令は、職務遂行そのものに直接関係のあるものに限定され、いかなる場合も生活行動上の制限に及ぶことができない。

5　職務上知りえた秘密を守る義務は、職員たる身分を有する限り守らなければならない義務であり、離職後は適用されない。

Key Point

上司が発した職務命令に疑義がある職員は、上司に意見を述べることができる。

 職員はその職務を遂行するに当たり、法令、条例、規則等に従わなければならない。同時に上司の職務命令にも従わなければならない。

職務命令は、**「職務上の命令」**と**「身分上の命令」**に区別することができる。

職務上の命令とは、例えば公文書の起案命令、出張命令などがあたり、職務上の上司のみが発しうるものである。これに対し、**身分上の命令**とは、例えば病気療養の命令などがあたり、職務上の上司及び身分上の上司のいずれもが発することが可能である。

職務命令に重大かつ明白な瑕疵がある場合には、部下はこれに従う義務はない。一方、職務命令に取消しの原因となる瑕疵があるにとどまるとき、あるいは有効な命令であるか疑義があるにすぎないときは、職務命令は一応有効であるという推定を受け、職務命令が権限ある機関によって取り消されるまでは、その命令に従う義務がある。

なお、当然無効の職務命令に従った職員は、その行為及びそれによって生じた結果について責任を負わなければならないが、取り消しうべき瑕疵がある職務命令に従った職員はその行為及び結果について免責されるものと解される（最判平15.1.17）。

1　**正しい**。宣誓自体に法的効果はない。

2　**誤り**。職務命令に重大かつ明白な瑕疵がある場合には、無効であり、従う必要はない（上記解説参照）。

3　**誤り**。上位の上司の命令が優先する。

4　**誤り**。病気療養の命令など身分上の命令もある（上記解説参照）。

5　**誤り**（地公法第34条第１項）。

正答　1

職務上の命令に従う義務②

No.66　地方公務員法に定める法令等及び上司の職務上の命令に従う義務に関する記述として妥当なのは、次のどれか。

(東京都主任試験出題)

1　職員は、職務を遂行するにあたっては、法律、条例、規則などの法令に従わなければならないが、法令ではない訓令、通達についてはその義務はない。

2　職員は、上司の職務上の命令に従う義務があり、職務上の命令は、職務上の上司だけでなく身分上の上司も発することができる。

3　職員は、上司の職務命令に重大かつ明白な瑕疵がある場合、その命令に対して意見を述べることができるが、命令には従わなければならない。

4　職務命令は、職務の遂行を内容とするものに限られず、職務の必要上から生活上の制限に及ぶ場合もあり、その例として居住場所の制限がある。

5　職務命令は、文書によることが必要とされ、口頭で行われた場合には、これに従わなくても、職務命令違反にはあたらない。

Key Point

身分上の命令については、公務としての地位又は職務との関係で合理的な範囲内において、個人的な自由を制限することは可能である。

職務命令のうち身分上の命令は、公務としての地位又は職務との関係において妥当性があると認められる場合は、個人の自由を制限できる。例えば、職務上の見解を公表するにあたり上司の許可を得るように命ずること（東京地判昭26.4.30）や、特定の職員に職務の必要上公舎に居住するよう命ずることなどがあげられる。

1　**誤り**。訓令は、上級行政機関がその指揮命令権に基づいて下級行政機関に発する命令であり、行政機関の意思を拘束する。

2　**誤り**。通常は職務上の上司と身分上の上司は一致するが、例えば知事部局の職員を他の執行機関の事務に従事させる場合（自治法第180条の３）、身分上の上司は知事であるが、職務上の上司は当該執行機関となる。職務上の命令を発するのは職務上の上司である当該執行機関であるから、設問のように一般的にどちらでもできるものではない。

3　**誤り**。重大かつ明白な瑕疵があるときは、受命公務員を拘束しないとされる。

4　**正しい**。

5　**誤り**。職務命令は要式行為ではなく、口頭でも文書でも自由で、特段の制限はない。

正答　4

職務上の命令に従う義務③

No.67　地方公務員法に規定する法令等及び上司の職務上の命令に従う義務に関するＡ～Ｄの記述のうち、妥当なものを選んだ組み合わせはどれか。　**（特別区管理職試験出題）**

Ａ　職員に対して、宿日直勤務を命じる場合においては、労働基準法の規定によって行政官庁の許可を必要とするが、当該許可を受けない宿日直勤務を命じた場合であっても、当該宿日直勤務の労務を提供する義務が発生する。

Ｂ　任命権者は、職務の遂行上必要があると認められる場合であっても、職員服務規程に名札の着用に関する規定がない限り、職員に対して、名札の着用について職務命令を発することはできない。

Ｃ　職員は、その職務を遂行するに当たって、法令、条例、地方公共団体の規則及び地方公共団体の機関の定める規程に従い、かつ、上司の職務上の命令に忠実に従わなければならない。

Ｄ　職員は、階層的に上下の関係にある複数の上司から同一事項について異なる職務命令を受けた場合、下位の上司の職務命令に従わなければならない。

1　Ａ　Ｂ
2　Ａ　Ｃ
3　Ｂ　Ｃ
4　Ｂ　Ｄ
5　Ｃ　Ｄ

Key Point

　職務命令を発する上司とは、指揮監督する権限を有する者をいい、職務上の上司と身分上の上司に分けられる。職務上の命令を発するのは職務上の上司のみである。

解説　**職務命令を発する「上司」とは、その職員との関係において、これを指揮監督する権限を有する者**をいう。しかし、任用上の地位が上位にある者は、必ずしもすべて上司ではない。例えば、総務部の職員に対し、総務部長は上司であるが、福祉部長は上司ではない。

ここでいう「上司」には**「職務上の上司」**と**「身分上の上司」**に分けられる。**「職務上の上司」**とは、職務の遂行について職員を指揮監督する者であり、**「身分上の上司」**とは、職員の任用、分限、懲戒などの身分取扱いについて権限を有する者であり、通常はこの両者は一致する（県費負担教職員については特例がある）。

また、階層的に上下の関係にある二以上の上司が同一事項について異なる職務命令を発したときは、上位の上司の職務命令が優先する。

A　**正しい**（地公法第32条。行実昭32.9.9）。
B　**誤り**。名札の着用について命令可能（行実昭39.10.1）。
C　**正しい**（地公法第32条）。
D　**誤り**。上記解説参照。
妥当なのはAとC。

正答　2

職務上の命令に従う義務④

No.68　地方公務員法に定める職務上の義務に関する記述として妥当なのは、次のどれか。　**(東京都主任試験出題)**

1　職務命令は文書により行わなければならず、その手続及び形式は条例により定めることとされている。

2　職員は、職務上の上司からの命令が明らかに違法である場合でも、意見を述べることはできるが、その命令には従わなければならない。

3　階層的に上下の関係に立つ2人以上の上司の発した職務命令が矛盾するときは、上級の上司の命令が優先する。

4　職員は、上司の職務上の命令に従う義務があるが、職務上の命令は、職務上の上司と身分上の上司のいずれもが発することができる。

5　職務命令は、職務の遂行そのものに直接関係あるものに限られ、職務遂行上必要がある場合でも、生活行動上の制限に及ぶことはない。

Key Point

職務命令の手続き及び形式は要式行為ではないので、口頭によっても文書によってもよい。

解説　職務命令が有効に成立するためには、次の３要件を満たしていることが必要であるとされる。

① **権限ある上司から発せられたこと**

その職員の指揮監督権を有する上司が発した職務命令でなければならず、地位が上級であっても上司でない者が発した指示や依頼は職務命令とはなり得ない。

② **職務上の命令は職務に関するものであること**

その職員の職務に関するものでなければならない。したがって、例えば税務課の職員に保健衛生の事務に関する命令をしても無効である。

③ **実行可能な職務命令であること**

法律上又は事実上の不能を命ずるものではない。ここでいう「法律上の不能」とは、例えば地方税の納税を済ませた者に対する差押の命令がなされた場合などであり、「事実上の不能」とは、物理的不能（消滅した物件の収用を命ずることなど）や社会通念上の不能（知識や経験が皆無の者に対して工事の設計を命ずることなど）である。

職務命令の手続き及び形式は、特段の制限はなく、文書によっても口頭によってもよい。

1　**誤り**。職務命令は要式行為ではなく、口頭でも文書でも自由で、特段の制限はない。

2　**誤り**。重大かつ明白な瑕疵を有する上司の職務命令は当然無効であり、当該命令に従う義務はない。

3　**正しい**。

4　**誤り**。職務上の命令は、あくまでも職務上の上司から発せられるものである。

5　**誤り**。例えば職務上の必要により公舎に居住するような命令は生活行動上の制限を伴う職務命令といえる。

正答　3

信用失墜行為の禁止

No.69　地方公務員法に定める信用失墜行為の禁止に関する記述として妥当なのは、次のどれか。　**(東京都管理職試験出題)**

1　職員が信用失墜行為の禁止に違反したときは、その違反した行為が職務に関連する場合は地方公務員法上の罰則が適用されるが、職務に関連しない場合は地方公務員法上の罰則が適用されない。

2　職員が信用失墜行為の禁止に違反したときは、地方公務員法上の罰則が適用され、その違反した行為が職務に関連する場合は懲戒処分の対象となり、職務に関連しない場合は分限処分の対象となる。

3　職員が信用失墜行為の禁止に違反したときは、地方公務員法上の罰則が適用されるが、その違反した行為が破廉恥罪に該当する場合は、刑法その他の刑罰規定が優先して適用される。

4　職員が信用失墜行為の禁止に違反したときは、地方公務員法上の罰則の適用はないが、その違反した行為が職務に関連しない行為であっても、懲戒処分の対象となることがある。

5　職員が信用失墜行為の禁止に違反したときは、地方公務員法上の罰則の適用はないが、その違反した行為が刑法に定める罪に該当する場合に限り、懲戒処分の対象となる。

Key Point

信用失墜行為の禁止に違反した場合、地公法第29条第1項第3号の懲戒処分の対象となる場合がある。地公法の罰則規定（第60条から第65条）の適用はない。

 **信用失墜行為とは当該職員が占めている職の信用を毀損すること**であり、必ずしも直接職務とは関係のない行為、例えば職員が勤務時間外に飲酒運転を行ったときなど職員の個人的な行為であっても、職員としての身分のつながりから、公務全体あるいは職全体の信用が損なわれることになるものも含まれる。

なお、懲戒処分との関係であるが、懲戒処分は職員に一定の義務違反に対する道義的責任を問うことにより、公務における規律と秩序を維持することを目的とする処分である。したがって、**信用失墜行為は懲戒処分の対象となる場合がある。**

1　**誤り**。職務の内外を問わず、職員の職の信用を傷つけ、または職員の職全体の不名誉となるような行為を禁止している（地公法第33条）。

2　**誤り**。「その職の信用を傷つける行為」と「職員の職全体の不名誉となるような行為」とは、ともに信用失墜行為の禁止にあたり、地公法第29条第１項第３号の懲戒規定が適用される。

3　**誤り**。懲戒処分と刑事罰とは目的が異なるため、同一事件につき懲戒処分と刑事罰を重複して科しても、憲法第39条の二重処罰の禁止には当たらない。

4　**正しい**。

5　**誤り**。刑法に定める罰に該当しなくても、全体の奉仕者たるにふさわしくない非行のあった場合に該当する場合は、懲戒処分の対象となる。

正答　4

秘密を守る義務①

No.70　地方公務員法に定める秘密を守る義務に関する記述として妥当なのは、次のどれか。　**(東京都主任試験出題)**

1　職員は、職務上知り得た秘密を守る義務を有し、その秘密には公的秘密は含まれるが、個人的秘密は含まれない。

2　職員は、職務上知り得た秘密に属する事項を退職後にもらしたときにも、懲戒処分の対象となるほか、刑罰の適用を受ける。

3　職員は、職務上の秘密に属する事項を発表する場合には、裁判所の許可を受けなければならない。

4　職員は、法令による証人、鑑定人等として職務上の秘密に属する事項を発表する場合には、任命権者の許可を受けなければならない。

5　職員は、人事委員会から証人として職務上の秘密に属する事項の発表を求められた場合には、任命権者の許可は不要とされている。

Key Point

「職務上の秘密」は、「職務上知り得た秘密」の一部であり、これらの秘密には、「公的秘密」と「個人的秘密」がある。

解説 守秘義務規定（地公法第34条）である。

第１項で、漏らしてはならないとされている秘密は「職務上知り得た秘密」で、第２項で、その発表について任命権者の許可を受けなければならないとされているのは「職務上の秘密」である。両者の範囲は異なり、後者は前者の一部である。

「職務上知り得た秘密」とは、職員が職務の執行に関連して知り得た秘密であって、自ら担当する職務に関連する秘密も当然に含まれるが、担当外の事項であっても職務に関連して知り得たものも含まれる。

「職務上の秘密」は、職員の職務上の所管に関する秘密に限定される。

第３項は、前項の許可について、任命権者は、法律に特別の定めがある場合を除く外、拒むことができない旨規定している。

1　**誤り**。職務上知り得た秘密には、個人的秘密も含まれる。

2　**誤り**。退職者は、既に特別権力関係の外にいるので、行政罰である懲戒処分に付することはできない。

3　**誤り**。職務上の秘密に属する事項を発表する場合は、任命権者の許可を受けなければならない。人事委員会や裁判所の許可ではない。

4　**正しい**。

5　**誤り**。人事委員会から証人として職務上の秘密に属する事項の発表を求められた場合も、任命権者の許可は必要である。

正答　4

秘密を守る義務②

No.71　地方公務員法に規定する秘密を守る義務に関する記述として、妥当なのはどれか。　**(特別区管理職試験出題)**

1　職員は、職務上知り得た秘密を漏らしてはならないが、職務上知り得た秘密とは、職員の職務上の所管に属する秘密のみを指す。

2　任命権者は、職員が法令による証人、鑑定人等となり、職務上の秘密に属する事項を発表することの許可を求めてきたときには、法律に特別の定めがある場合を除く外、これを拒むことができない。

3　職員は、人事委員会の権限によって行われる調査、審理に関して、職務上の秘密に属する事項を発表する場合には、任命権者の許可を必要としない。

4　職員は、その職を退いた後に、秘密を守る義務に違反して、職務上知り得た秘密を漏らしても、刑罰の対象にならない。

5　秘密を守る義務に違反して、職務上知り得た秘密を漏らす行為を企て、命じ、故意にこれを容認し、又はそそのかした職員は、刑罰の対象にならないが、懲戒処分の対象にはなる。

Key Point

職員が「職務上の秘密」を発表する場合は、任命権者の許可を受けなければならない。

任命権者の許可が必要な場合は、**「職務上の秘密」**に属する事項を発表する場合である。

よって、「職務上知り得た秘密」で、「職務上の秘密」ではないものについて発表する場合は、任命権者の許可は必要とせず、証人、鑑定人等となった場合においても、一般の証言、鑑定等の原則に従って行うこととなる。

「秘密」とは、一般的に了知されていない事実であって、それを了知せしめることが一定の利益の侵害になると客観的に考えられるものであるとされている（行実昭30.2.18自丁公発第23号）。そして、いかなる事実が秘密に該当するかということは、個々の事実について、一定の利益、すなわち、保護されるべき公的または個人的利益の社会的価値を判断して決めるほかはない。秘密は、公的なものであるか、私的なものであるかにかかわらず、**客観的にみて秘密に該当するもの、すなわち「実質的秘密」でなければならない**（最判昭52.12.21）。

1　**誤り**。上記解説参照。
2　**正しい**（地公法第34条第2項、第3項）。
3　**誤り**。人事委員会の権限によって行われる調査、審理に関しても許可が必要（行実昭26.11.30）。
4　**誤り**。職を退いた後も刑罰の対象（地公法第60条第2号）。
5　**誤り**。刑罰の対象となる（地公法第62条）。

正答　2

秘密を守る義務③

No.72　地方公務員法に定める秘密を守る義務に関する記述として、妥当なのはどれか。　**(東京都管理職試験出題)**

1　秘密については、形式秘説と実質秘説とがあり、このうち形式秘説は、秘密とは、秘密を指定する権限のある行政庁により明示的に秘密に指定がなされたものであるとしており、現在の通説となっている。

2　秘密には、職務上の秘密と職務上知り得た秘密とがあり、いずれの秘密についても、職員が発表する場合には、任命権者の許可を求めなければならない。

3　任命権者は、職員が法令による証人又は鑑定人として職務上の秘密を発表することの許可を求めてきたときは、法律に特別の定めがある場合以外は、これを拒むことはできない。

4　秘密を漏らした職員には、地方公務員法が定める義務に違反したときに科される刑事罰の中で、最も重い刑事罰が科される。

5　職員であった者は、在職中に知り得た秘密を、退職後に漏らしても、すでに公務員としての任用関係の外にいるので、懲戒処分の対象にならず、刑事罰にも問われることはない。

Key Point

職員（退職者含む）が、法令による証人、鑑定人等となり、職務上の秘密に属する事項を発表する場合は、任命権者の許可を必要とするが、任命権者は、法律に特別の定めがある場合を除いてこれを拒むことはできない。

解説 地公法第34条第２項で、職員（退職者含む）が、法令による証人、鑑定人等となり、職務上の秘密に属する事項を発表する場合においては、任命権者の許可を受けなければならない旨規定されており、第３項で、任命権者の許可は、**法律に特別の定めがある場合**を除く外、拒むことができない旨規定されている。

第３項の**「法律に特別の定めがある場合」**とは、以下のような場合である。

① 刑事事件において職員が証人、鑑定人、鑑定証人として職務上の秘密を発表することについて、任命権者がその発表をすることが「国の重大な利益を害する」と判断した場合

② 国会から職務上の秘密に属する事項について証言、書類の提出の承認を求められた任命権者が、その承認を拒む理由を疎明し、またはその証言あるいはその書類の提出が「国家の重大な利益に悪影響を及ぼす」旨の内閣の声明があった場合

③ 普通地方公共団体の議会から職務上の秘密に属する事項について証言、記録の提出を求められた任命権者が、その承認を拒む理由を疎明し、またはその証言あるいは提出が「公の利益を害する」旨の任命権者の声明があった場合

よって、これら以外の場合は、任命権者は必ず、許可を与えなければならない。

1 **誤り**。客観的に見て秘密に該当するものとする実質秘説が通説、判例（最判昭52.12.19）。

2 **誤り**。許可を要するのは職務上の秘密に限られる。

3 **正しい**。任命権者の許可は、法律に特別の定めがある場合を除く外、拒むことができない（地公法第34条第３項）。

4 **誤り**。任用基準に違反して任用した者等が適用される刑罰よりは軽い（地公法第60条から第63条）。

5 **誤り**。懲戒処分の対象にはならないが、刑罰の適用はある（地公法第60条第２項）。

正答 3

秘密を守る義務④

No.73　秘密を守る義務に関する記述として、地方公務員法上、妥当なのは、次のどれか。　**(特別区管理職試験改題)**

1　職務上の秘密は、職員が職務の執行に関連して知り得た秘密であり、その職員の担当外の事項であっても職務に関連して知り得た秘密は、これに含まれる。

2　職員は、退職後においても、職務上知り得た秘密を守る義務があるので、法令による証人となり、その職務上知り得た秘密に属する事項を発表する場合は、必ず退職した職の任命権者の許可を受けなければならない。

3　職員は、法令による証人となり、職務上の秘密に属する事項を発表する場合は、任命権者の許可を受けなければならず、任命権者は、法律に特別の定めがある場合を除くほか、その許可を与えなければならない。

4　職員は、人事委員会の権限によって行われる不利益処分の審査請求の審査において、証人となり、その職務上の秘密に属する事項を発表する場合は、任命権者の許可を受ける必要はない。

5　職員は、職務上知り得た秘密を漏らした場合、職務上の義務違反として懲戒処分の対象になるが、刑罰の対象にはならない。

Key Point

人事委員会の権限によって行われる調査や審査に関して、証人となり、その職務上の秘密に属する事項を発表する場合も任命権者の許可が必要である。

人事院の権限によって行われる調査または審理に関する場合と扱いが異なるので注意すること。

国公法第100条第４項によると、人事院の権限によって行われる調査または審理に関しては、何人も許可を受ける必要がないこととされている。しかし、地方公務員法にはこのような規定がないので、**人事委員会が行う調査、審理等に関して職員が職務上の秘密に属する事項を発表する場合には、任命権者の許可を受けなければならない**ものと解されている（行実昭26.11.30地自公発第531号参照）。

1　**誤り**。当該職員の担当外の事項で、たまたま職務に関連して知り得た秘密については、「職務上の秘密」には含まれない。

2　**誤り**。任命権者の許可を要するのは、「職務上の秘密」であり、「職務上知り得た秘密」は対象とならない。退職者についても同様である。

3　**正しい**。

4　**誤り**。人事委員会の権限によって行われる調査、審査によって証人となり、その職務上の秘密に属する事項を発表する場合も、任命権者の許可を受けなければならない。

5　**誤り**。守秘義務違反の場合は、懲戒処分の対象及び刑罰の対象となる。

正答　3

秘密を守る義務⑤

No.74 地方公務員法に定める秘密を守る義務に関する記述として妥当なのは、次のどれか。 **(東京都主任試験出題)**

1 職員は、職務上知り得た秘密を漏らしてはならないが、退職した職員にはこのような義務はない。

2 職員は、職務上知り得た秘密を、不特定多数の相手に漏らすことが禁じられているのであり、特定の相手に口頭で伝えることは禁じられていない。

3 職務上知り得た秘密とは、職員の職務上の所管に属する秘密をいい、所管外の事項で職務に関連して知ることができた秘密は該当しない。

4 職員が法令による証人、鑑定人となり、職務上の秘密に属する事項を発表する場合には、人事委員会の承認を得なければならない。

5 職員が職務上知り得た秘密を漏らした場合には、懲戒処分の対象となるだけでなく、刑事罰の対象にもなる。

Key Point

職務上知り得た秘密の守秘義務規定は、退職後も適用される。退職者がこの規定に違反した場合は、刑事罰の対象となる。

職員は、職務上知り得た秘密を漏らしてはならず、この規定は**退職した者に対しても適用**される。

退職した者が、秘密を漏らした場合は、既に特別権力関係の外にいるので懲戒処分に付すことはできないが、地方公務員法第60条第２号の規定により、**刑事罰の対象**にはなる。

退職した者が職務上の秘密に属する事項を発表する場合は、その退職した職又はこれに相当する職に係る任命権者の許可を受けなければならない。廃官廃庁により、当該行政機関が存続していないときは、その事務を引き継いだ行政機関の任命権者、事務引継がないときは類似の行政機関の任命権者または地方公共団体を統括する長が許可権者となる。

また、町村合併等により、旧地方公共団体の秘密を発表するときは、その事務は新地方公共団体に引き継がれるので、その事務を引き継いだ任命権者が許可を与えることとなる。

1　**誤り**。退職した職員についても適用される。

2　**誤り**。特定の相手に伝えることも、口頭で伝えることも秘密を漏らす行為に含まれる。

3　**誤り**。当該職員の所管外の事項であっても、職務に関連して知ることができた秘密は、「職務上知り得た秘密」に該当する。

4　**誤り**。法令による証人、鑑定人となり、職務上の秘密に属する事項を発表する場合には、任命権者の許可を得なければならない。

5　**正しい**。懲戒処分及び刑事罰の対象となる。地公法第60条第２号により、１年以下の懲役または50万円以下の罰金に処せられる。

正答　5

秘密を守る義務⑥

No.75　地方公務員法に定める秘密を守る義務に関する記述として妥当なのは、次のどれか。　**（東京都管理職試験出題）**

1　最高裁判所は、秘密とは、非公知の事実であって、秘密を指定する権限のある行政庁により明示的に秘密の指定がなされたものをいうと判示し、形式秘説を採用した。

2　秘密は、保護法益の内容からみて、公的秘密と個人的秘密に分けられるが、職務上の秘密はすべて公的秘密であり、職務上知り得た秘密には公的秘密と個人的秘密とがある。

3　普通地方公共団体の議会が職員を証人として職務上の秘密に属する事項について発表を求める場合には、任命権者の承認を必要とし、任命権者がその承認を拒む場合は理由を疎明して、職員に当該発表の許可を与えないことができる。

4　職員が裁判所で証人となって職務上の秘密を発表する場合、司法手続における真実追求の重要性から、当該職員は任命権者の許可を得ることなく職務上の秘密を発表することができる。

5　職員は、職務上知り得た秘密を守る義務に違反した場合、懲戒処分とともに刑事罰の対象となるが、秘密を漏らすことをそそのかした者については、刑事罰の対象とならない。

Key Point

秘密漏洩を文書で表示すること、口頭で伝達すること、秘密事項の漏洩を黙認するという不作為、第三者が不当に秘密文書を閲覧しているのをあえて見過ごす行為等は、全て秘密を漏らす行為に該当する。

「秘密」とは、一般に了知されていない事実をいうものであり、**「秘密を漏らす」**とは、当該職員以外は了知していない事実、あるいは一部の特定の者しか了知していない事実を、**広く一般に知らしめる行為または知らしめるおそれがある行為の一切をいうもの**である。

具体的には、秘密事項を**文書で表示**すること、**口頭で伝達**すること、秘密事項の**漏洩を黙認**すること、第三者が不当に秘密文書を閲覧しているのをあえて**見過ごす**ことなどである。

また、漏洩の相手方は、不特定多数に対する場合はもちろんであるが、特定の者に対する場合もさらに伝達されるおそれがあるので、漏洩したことになる。

1　**誤り**。最高裁判所は、「秘密」とは、国家機関がある事項につき形式的に秘扱の指定をしただけでは足りず、非公知の事実であって、実質的にもそれを秘密として保護するに値すると認められるものをいうと解する、としている（最判昭52.12.19）。

2　**誤り**。職務上の秘密にも、「公的秘密」と「個人的秘密」がある。

3　**正しい**（地公法第34条第２項・第３項、自治法第100条第４項）。

4　**誤り**。裁判所で証人となって職務上の秘密を発表する場合も、任命権者の許可は必要である。

5　**誤り**。秘密を漏らすことをそそのかすことも、地公法第34条違反に該当し、刑事罰の対象となる。

正答　3

秘密を守る義務⑦

No.76　地方公務員法に定める秘密を守る義務に関する記述として妥当なのは、次のどれか。　**（東京都主任試験出題）**

1　職員は、在職中はもちろんのこと、退職後においても職務上知り得た秘密を漏らしてはならない義務を負う。

2　秘密とは、一般に了知されていない事実を了知せしめることが一定の利益侵害になる公的秘密をいい、個人的秘密は含まれない。

3　職務上知り得た秘密とは、職員の所管に属する秘密をいい、所管に属さない事項は職務に関連して知り得たものであっても含まれない。

4　職員が職務上知り得た秘密を漏らしたときは、刑罰の適用は受けないが、懲戒処分の対象となる。

5　職員が職務上知り得た秘密を発表するときは、人事委員会の許可を必要とするが、職務上の秘密を発表するときにはその許可を受ける必要はない。

Key Point

職員が職務上知り得た秘密を漏らした場合は、懲戒処分及び刑罰適用の対象となる。

職員は、職務上知り得た秘密を漏らしてはならず、退職後もこの規定は適用される。

この規定に違反した場合の懲罰であるが、秘密を漏らした者が、現に職員である場合は、服務規定である本条違反として**懲戒処分**（地公法第29条）**の対象**となると同時に、地公法第60条第２号の規定により、１年以下の懲役または50万円以下の罰金という**刑罰の対象**にもなる。

既に退職した者が秘密を漏らした場合は、その者は特別権力関係の外にいるので、懲戒処分に付すことはできないが、既述の地公法第60条第２号の規定により、刑事罰の対象となる。

秘密を守る義務は、その法益が公共または個人の利益に直接かかわる問題なので、行政罰だけではなく、刑事罰によってその法益を保護することとしている。

1　**正しい**。

2　**誤り**。秘密には「公的秘密」と「個人的秘密」がある。

3　**誤り**。職員の所管に属さない秘密であっても、職務に関連して知り得た秘密は「職務上知り得た秘密」に該当する。

4　**誤り**。職務上知り得た秘密を漏らした場合は、懲戒処分及び刑罰の適用の対象となる。

5　**誤り**。職務上の秘密を発表するときは、任命権者の許可を受けなければならない。人事委員会や裁判所の許可ではない。

正答　1

職務に専念する義務①

No.77　都職員の職務に専念する義務に関する記述として妥当なのは、次のどれか。　**（東京都主任試験改題）**

1　職員は、都の条例又は規則に基づいてその職務に専念する義務を免除されることはないが、法律に特別の定めがある場合にはその職務に専念する義務を免除されることができる。

2　職員は、研修を受ける場合又はその職務と関連を有する公益に関する団体の事務に従事する場合には、あらかじめ任命権者の承認を得て、その職務に専念する義務を免除されることができる。

3　職員は、勤務時間中には職務に専念する義務を有しているが、この勤務時間とは条例に基づいて定められた正規の勤務時間であり、時間外勤務又は休日勤務を命じられた時間はこの勤務時間には含まれない。

4　職員は、都がなすべき責を有する職務に専念しなければならないが、その専念すべき職務には法令により国から東京都に処理を委任された事務は含まれない。

5　職員は、勤務に対して給与を支給されるが、選挙権の行使のために職務専念義務を免除された勤務時間については、給与の支給を受けることはできない。

Key Point

職務に専念する義務を免除される場合は、法律又は条例による特別の定めがある場合である。

職務専念義務に関する規定（地公法第35条）である。

「職員は、法律又は条例に特別の定めがある場合を除く外、**その勤務時間及び職務上の注意力のすべてをその職責遂行のために用い、当該地方公共団体がなすべき責を有する職務にのみ従事**しなければならない。」と規定されている。

「法律又は条例に特別の定めがある場合」には当該規定が免除される。

① 法律に定めがある場合

休職、停職、職員団体との勤務時間内の交渉、労働基準法による休暇等

② 条例に基づく場合

休日・休暇等に関する条例に基づく休暇、勤務時間に関する条例に基づく休息時間。その他、地方公共団体が、本条を直接根拠として条例で定めた場合（研修を受ける場合、厚生に関する計画の実施に参加する場合、選挙権行使など）

都職員の職務に関する義務の免除については、「職員の職務に専念する義務の特例に関する条例」及び人事委員会規則等に定められている。

1 **誤り**。法律又は条例に特別な定めがある場合に免除されることができる。

2 **正しい**。「職員の職務に専念する義務の特例に関する条例」及び人事委員会規則。

3 **誤り**。時間外勤務、休日勤務を命じられた時間も勤務時間に含まれる。

4 **誤り**。法定受託事務（自治法第２条第９項）も含まれる。

5 **誤り**。都においては、選挙権行使のための職務専念義務免除について、給与減額免除が認められている。

正答 2

職務に専念する義務②

No.78　地方公務員の職務に専念する義務に関する記述として、妥当なのはどれか。　**(東京都管理職試験改題)**

1　職員は、勤務時間中は職務に専念しなければならないが、この場合の勤務時間とは条例に定める正規の勤務時間のことをいい、超過勤務及び休日勤務を命ぜられた時間は含まれない。

2　職員が国家公務員の職を兼ねる場合の兼職の許可は、それ自体が職員としての勤務時間及び職務上の注意力の一部を割くことを前提としており、職員は、別途、職務専念義務の免除について任命権者の承認を得る必要はない。

3　不利益処分に対する審査請求は、職員に保障される法律上の権利であり、当該職員及びその代理人である職員が勤務時間中に口頭審理へ出頭する場合、職務専念義務の免除について任命権者の承認を得る必要はない。

4　都では、職員が職員団体の運営のための会合に参加する場合、あらかじめ職員団体が会合について任命権者の許可を受けた上で、個々の職員は、職務専念義務の免除について任命権者の承認を得なければならない。

5　都では、職員が研修を受ける場合や厚生計画の実施に参加する場合、任命権者は、職員の職務専念義務を免除することができるが、あらかじめ人事委員会の承認を得なければならない。

Key Point

勤務時間には、条例に基づくあらかじめ定められた正規の勤務時間のほか、時間外勤務、休日勤務、宿日直勤務等も含まれる。

職務専念義務が要求されるのは、「勤務時間」中においてである。勤務時間とは、通常は勤務時間、休日、休暇等について定められた条例に基づく、あらかじめ定められた正規の勤務時間であるが、**時間外勤務、休日勤務または宿日直を命じられてこれに服する時間も含まれる。**

1　**誤り**。超過勤務時間や休日出勤日も勤務時間に含まれる。
2　**誤り**。他団体等の事務に従事する場合は任命権者の承認が必要。
3　**誤り**。勤務条件の措置要求、不利益処分の審査請求、これらの審理への出頭は、法律又は条例の定めがない限り、法的には職務専念義務違反とされている（行実昭27.2.29）。
4　**正しい**。職免規則第2条第1号。
5　**誤り**。職免条例第2条第1号及び第2号の規定により任命権者限りで職務専念義務免除可能。

正答　4

職務に専念する義務③

No.79　地方公務員法に定める職員の職務専念義務の免除と給与の支給に関する記述として妥当なのは、次のどれか。

（東京都管理職試験改題）

1　職員は、職員団体の在籍専従職員として任命権者から許可された場合には、職務専念義務を免除され、その許可が効力を有する間は給与の支給を受けることができる。

2　職員は、勤務時間内に営利企業等に従事することについては人事委員会の許可が必要であり、その許可を受けた場合には、職務専念義務を免除されるが、給与の支給を受けることはできない。

3　職員は、法律上の権利である勤務条件に関する措置要求及び不利益処分に対する審査請求を勤務時間中に行う場合には、任命権者の許可を要せずに職務専念義務を免除されるが、給与の支給を受けることはできない。

4　職員は、勤務時間中に職員団体の活動に従事することについて、任命権者から職務専念義務の免除を受けた場合には、条例で定める場合以外は給与の支給を受けることができない。

5　職員は、懲戒処分によって停職にされた場合には、その職を保有しないので、当然に職務専念義務を免除されるが、条例で定める場合以外は給与の支給を受けることはできない。

Key Point

職務専念義務の免除と、給与支給の有無については、別の問題であり、給与支給については法律等で定められている場合はそれにより、明確な定めがない場合は、原則として給与条例の定めるところによる。

解説　**職務専念義務の免除とその間の給与支給の有無については別の問題**である。法律等で定められているものはそれにより、法律等で明確に定められていないものは原則として地公法第24条第５項に基づく給与条例に定めるところによる。

法律等で給与を支給すべきものは、労基法第39条及び休日、休暇条例に基づく年次有給休暇などがある。逆に、**給与を支給してはならないもの**として、懲戒処分である停職、在籍専従（地公法第55条の２第５項）、勤務時間中の組合活動（地公法第55条の２第６項、ただし条例で特別な定めをした場合は支給することができる）及び育児休業（育児休業法第４条第２項）がある。

なお、最高裁は、職務専念義務の免除がなされた場合にあっては、それとは別に給与条例上の「承認」が必要であるとし、この免除と承認について地公法第35条と第24条第１項の趣旨に反しないことが必要であるとしている（平10.4.24）。

1　**誤り**。在籍専従職員として許可された者は、その許可が効力を有する間は休職者とし、いかなる給与も支給されない（地公法第55条の２第５項）。

2　**誤り**。人事委員会の許可ではなく、任命権者の許可が必要であるが、その従事しようとする時間が勤務時間中である場合には、別途職務専念義務免除の許可を受ける必要がある。

3　**誤り**。職員が、勤務条件に関する措置要求をする場合には、当然に職務専念義務が免除されるものではない（行実昭27.2.29）。

4　**正しい**。

5　**誤り**。懲戒処分による停職は、一定の期間の範囲内で職務に従事させない期間を定め、その間はいかなる給与も支給しない（準則昭26.7.7地自乙発第263号）ので、条例で給与を支給する旨定めることはできない。

正答　4

職務に専念する義務④

No.80　地方公務員の職務専念義務の免除に関する記述として妥当なのは、次のどれか。　**(東京都管理職試験改題)**

1　職員が勤務条件に関して措置の要求をしたり、不利益処分に対して審査請求をすることは、職員に保障されている法律上の権利であり、職員がこれらの行為を勤務時間中に行う場合は、当然に職務専念義務が免除される。

2　職員が国家公務員や特別職の職を兼ねる場合は、その兼職の許可自体が職員としての勤務時間及び注意力の一部を割くことを前提としているので、別途、職務専念義務の免除についての任命権者の承認は必要としない。

3　職務専念義務が免除された勤務時間に給与を支給するか否かは、給与条例の定めるところに任されており、在籍専従職員については、条例で定めた場合は給与を支給することができる。

4　都では、職員が職員団体の運営に特に必要な会合に参加する場合、あらかじめ職員団体が包括的に任命権者の許可を受けていれば、個々の職員に対する職務専念義務の免除についての任命権者の承認は必要としない。

5　都では、任命権者は、職員が都政に関し講演を行う場合などのほか、特別の事由がある場合には職員の職務専念義務を免除することができるが、特別な事由による免除の場合は、あらかじめ人事委員会の意見を聴かなければならない。

Key Point

在職専従職員については、条例で給与を支給する旨定めることができず、その許可が効力を有する間は、休職者とし、いかなる給与も支給されない（地公法第55条の2第5項）。

職務専念義務が免除された勤務時間に給与を支給するか否かは、給与条例の定めるところである。

在籍専従職員については、地公法第55条の２第５項で、在籍専従の許可を受けた職員は、その許可が効力を有する期間は、**休職者とし、いかなる給与も支給されない旨規定**されており、給与条例で給与を支給できる旨を規定することはできない。

1　**誤り**。法律又は条例に特別な定めがない限り職務専念義務違反に抵触し、当然に職務専念義務が免除されるものではない（行実昭27.2.29）。

2　**誤り**。兼職の許可と、職務専念義務免除の承認とは別のものである。よって、あらかじめ職務専念義務免除の承認を受けなければならない。

3　**誤り**。在籍専従職員については、その期間、いかなる給与も支給することができない（地公法第55条の２第５項）。

4　**誤り**。職員団体があらかじめ、包括的に任命権者の許可を受けている場合であっても、職務専念義務の免除についての任命権者の承認を受けなければならない（東京都職員の職務に専念する義務の免除に関する規則第２条第１号）。

5　**正しい**。

正答　5

職務に専念する義務⑤

No.81　地方公務員法に規定する職員の職務専念義務に関する記述として妥当なのは、次のどれか。　**（特別区管理職試験出題）**

1　職員団体が勤務時間中に適法な交渉を行う場合、職員団体が指名した職員は、その指名により当然に職務専念義務が免除される。

2　都道府県が給与を負担している市町村立小学校の教職員の職務専念義務は、当該都道府県の条例に基づき、都道府県教育委員会の承認により免除される。

3　営利企業に従事しようとする職員は、その従事する時間が当該職員に割り振られた勤務時間外であっても、任命権者から営利企業に従事することの許可とあわせ、職務専念義務の免除の承認を受けなければならない。

4　勤務時間中に職員団体活動を行うために職務専念義務を免除された職員は、条例で定める場合を除き、当該職務専念義務を免除された時間について、給与の支給を受けることができない。

5　職員が勤務条件に関する措置の要求をすることは、法律で認められた権利であるので、それを勤務時間中に行う場合、当然に職務専念義務が免除される。

Key Point

職員が、勤務時間中に勤務条件に関する措置要求をする場合、営利企業等従事の許可を受けた場合、兼業の許可を受けた場合、職員団体の活動に従事することの許可を受けた場合などは、当然に職務専念義務を免除されるものではないことに注意すること。

解説　職員が、勤務時間中に勤務条件に関する措置要求をする場合、営利企業等従事の許可を受けた場合、兼業の許可等を受けた場合、職員団体の活動に従事することの許可を受けた場合などは、**当然に職務専念義務が免除されるものではなく**、別途職務専念義務免除の承認を受けなければならない。

また、職務専念義務が免除された時間について、給与が支給されるか否かは、給与条例に基づいて、別個に任命権者が判断することとなり、**給与減額免除が承認された場合は、給与が支給される**こととなる。

1　**誤り**。当然には職務専念義務が免除されず、各職員が、職務専念義務免除の承認を受けなければならない。

2　**誤り**。県費負担職員の任命権者は都道府県教育委員会であるが、服務は市町村教育委員会が監督するものとされており（地教行法第43条第１項）、市町村教育委員会の承認により免除される。

3　**誤り**。当該職員に割り振られた勤務時間外であれば、職務専念義務の問題は生じない。

4　**正しい**。給与減額免除の承認を受ければ、給与の支給を受けることができる。職務専念義務が免除された職員の給与の取り扱いについては、地公法24条５項に基づく条例の定めるところによる。なお、55条の２第６項参照。

5　**誤り**。当然に職務専念義務は免除されるものではなく、あらかじめ任命権者の承認を得なければならない。

正答　4

政治的行為の制限①

No.82　地方公務員法に定める職員の政治的行為の制限に関する記述として、妥当なのはどれか。　**(東京都主任試験出題)**

1　職員は、当該職員の属する地方公共団体の区域の内外を問わず、特定の政党の構成員となるように、又はならないように、勧誘運動をしてはならない。

2　職員は、当該職員の属する地方公共団体の区域の内外を問わず、公の選挙で特定の候補者に投票するように、勧誘運動をしてはならない。

3　職員は、当該職員の属する地方公共団体の区域の内外を問わず、特定の地方公共団体の執行機関に反対する目的で、署名運動を企画することができる。

4　職員は、当該職員の属する地方公共団体の区域内において、特定政党を支持する目的をもって、寄附金を与えてはならない。

5　職員は、当該職員の属する地方公共団体の区域外において、一定の政治目的をもって、文書又は図画を地方公共団体の庁舎、施設に掲示することができる。

Key Point

政治的行為の制限を定める地公法第36条については、職員の属する地方公共団体の区域の内外を問わず制限される場合か、区域外であれば構わない場合か、注意する。

地公法第36条第５項に定める地方公務員の政治的行為を制限する目的は、第１に、**職員の政治的中立性を保障**することによって、地方公共団体の行政の公正な運営を確保することである。これは、職員が全体の奉仕者であることから、特定の政党や政治的団体のためではなく、住民全体のために中立の立場から継続的かつ安定的な行政を行う必要があることと、行政の公正性についての住民の信頼を喪失しないためである。第２に、**職員の身分を保障**するなど、職員の利益を保護することである。これは、職員を政治的な影響から保護することにより、一党一派に偏ることがないようにし、スポイルズ・システムに陥らせないためである。

1　**正しい**。地公法第36条第１項のみ区域の内外を問わない。
2　**誤り**。公の選挙の勧誘活動は区域内のみ禁止（地公法第36条第２項第１号）。
3　**誤り**。署名運動の企画も区域内のみ禁止（地公法第36条第２項第２号）。
4　**誤り**。寄附の募集活動の計画、主催等は禁止されているが、単に寄附を与える程度は可能（地公法第36条第２項第３号）。
5　**誤り**。区域内外を問わず禁止（地公法第36条第２項第４号）。

正答　1

政治的行為の制限②

No.83　地方公務員法に定める職員の政治的行為の制限に関する記述として、妥当なのはどれか。　**(東京都管理職試験出題)**

1　職員団体は、政治的活動を行うことが認められているため、在籍専従の許可を受けた職員が、職員団体の行動の一環として政治的行為を行うときは、当該職員は、政治的行為の制限を受けない。

2　職員は、政党その他の政治的団体の構成員となるように、又はならないように勧誘運動をすることを禁止されており、たまたま限定された少数の友人に入党を勧めることも勧誘運動に該当すると解されている。

3　職員が、単に法律の制定自体に反対する目的をもって、署名運動を企画し、又は主宰する等これに積極的に関与した場合は、特定の政党又は内閣等の字句を使用したときでも、政治的行為の制限には抵触しないと解されている。

4　職員は、公の選挙において特定の人を支持する目的をもって、投票するように勧誘運動をすることを禁止されているが、選挙公報に推薦人として名を連ねる行為は、勧誘運動に該当しないと解されている。

5　条例で、法律に規定されている事項以外の政治的目的の制限を定めることはできるが、法律に規定されている事項以外の政治的行為の制限を定めることはできない。

Key Point

地方公務員の政治的行為の制限に対しては、刑事責任は科されていないことに注意する（地公法第60条、第61条、第62条参照）。

地公法第36条が禁止する職員の政治的行為は、（1）**政党その他の政治的団体の結成等に関与する行為（第1項）、（2）特定の政治目的の下に行われる一定の政治的行為（第2項第1号～第5号）に大別**される。

前者は、職員は政党その他の政治的団体の結成に関与し、若しくは、それらの団体の役員となってはならず、またこれらの団体の構成員となるように、若しくはならないように勧誘運動してはならないことを内容とする。この場合、**政治目的の有無、区域のいかんを問わず禁止**される。後者については、No.84の解説参照。

なお、前者については、政治目的の有無、区域のいかんを問わず禁止されるが、後者については、原則として、職員が属する地方公共団体の区域内に限られる（第2項第1号～第3号、第5号）。ただし、第2項第4号については、区域のいかんを問わず禁止され、公立学校の教育公務員は第2項の制限は区域を問わず、全国的に禁止されている。

1　**誤り**。職員団体の業務にもっぱら従事する職員も第2項各号に掲げる政治的行為の制限を受ける（行実昭26.3.19）。

2　**誤り**。総務省通知では、後段は差し支えないとされている。

3　**正しい**（行実昭27.7.29）。

4　**誤り**。推薦人も本条第2項第1号の勧誘運動に該当（行実昭37.7.11）。

5　**誤り**。条例で定める政治的行為も制限可能（地公法第36条第2項第5号）。

正答　3

政治的行為の制限③

No.84　地方公務員法上、職員の属する地方公共団体の区域においてのみ禁止され、それ以外の区域においては禁止されていない政治的行為は、次のどれか。　　　　　　　　**(東京都管理職試験出題)**

1　職員が、特定の政党に反対する目的をもって、署名運動を企画し又は主宰する等、これに積極的に関与すること
2　職員が、一定の政治的目的をもって、政党その他の政治的団体の結成に関与すること
3　職員が、特定の政党を支持する目的をもって、文書又は図画を地方公共団体の庁舎、施設等に掲示すること
4　職員が、政党その他の政治的団体において、業務の監督について責任を有する地位にある役員となること
5　職員が、政党その他の政治的団体の構成員となるように、又はならないように不特定多数の者に対して勧誘運動を行うこと

Key Point

職員の属する地方公共団体の区域外であれば認められる政治的行為の類型は、地公法第36条第2項ただし書の第1号から第3号及び第5号であることを確認しておく。

 地公法第36条第２項各号が禁止する政治的行為は、次のとおりである。

① **公の選挙又は投票において、投票するように又はしないように勧誘運動をすること（第１号）**

② **署名運動を企画し、又は主宰する等これに積極的に関与すること（第２号）**

③ **寄附金その他の金品の募集に関与すること（第３号）**

④ **文書又は図画を地方公共団体の庁舎、施設等に掲示し、又は掲示させ、その他地方公共団体の庁舎、施設、資材又は資金を利用し、又は利用させること（第４号）**

⑤ **その他、条例で定める政治的行為（第５号）**

1 **正しい**。職員が、特定の政党に反対する目的をもって、署名運動を企画又は主宰する等これに積極的に関与することは、職員の属する地方公共団体の区域外であれば禁止されない（地公法第36条第２項ただし書第２号）。

2 **誤り**。職員が、一定の政治的目的をもって、政党その他の政治的団体の結成に関与することは、職員の属する地方公共団体の区域の内外を問わず禁止される（地公法第36条第１項）。

3 **誤り**。職員が、特定の政党を支持する目的をもって、文書又は図画を地方公共団体の庁舎、施設等に掲示することは、職員の属する地方公共団体の区域の内外を問わず制限される（地公法第36条第２項ただし書第４号）。

4 **誤り**。職員が、政党その他の政治的団体の役員になることは、職員の属する地方公共団体の区域の内外を問わず禁止される（地公法第36条第１項）。

5 **誤り**。職員が、政党その他の政治的団体の構成員となるように、若しくはならないように勧誘運動することは、職員の属する地方公共団体の区域の内外を問わず禁止される（地公法第36条第１項）。

正答　1

政治的行為の制限④

No.85　地方公務員法における職員の政治的行為の制限に関する記述として妥当なのは、次のどれか。　**(東京都主任試験出題)**

1　職員の政治的行為の制限は、職員の政治的中立性を保障することにより、行政の公正な運営の確保と職員の利益を保護することを目的としている。

2　職員の政治的行為の制限は、一般行政職員と同様に単純労務職員及び地方公営企業に従事する企業職員にも適用される。

3　職員は、地方公務員法の規定に違反して政治的行為を行った場合は、懲戒処分の対象になるとともに刑罰の適用を受ける。

4　職員は、政党その他の政治的団体の結成に関与し、又はこれらの団体の役員及び構成員となってはならない。

5　教育公務員を除く職員は、いかなる区域にあっても、公の選挙において特定の人を支持する目的をもって投票をするように勧誘運動をしてはならない。

Key Point

職員の政治的行為を制限する立法趣旨は、行政の中立性と安定性の確立、政治的影響からの職員の保護にある（地公法第36条第5項）。

地公法第36条第２項各号が禁止する、特定の政治目的を有する一定の政治的行為の具体的な事例は、次のとおりである。

職員が選挙事務所で勤務時間外に無給で経理事務の手伝いを行うことは、**「勧誘行為」**に該当しないが、勤務時間外に無給で候補者のポスターを貼付することは**「勧誘行為」**に該当する恐れがあり、特定の候補者の推薦人として選挙公報に氏名を連ねることは**「勧誘行為」**に該当する（第１号関係）。

「署名運動」とは、不特定多数の者に対し、組織的、計画的にその共同の意向を表示する手段としてその意向を明示した文書に署名させるよう勧誘する行為をいうのであって、単なる署名は含まれない（第２号関係）。

「募集に関与する」とは、募集計画を企画し、主宰し、寄附金等の交付を勧誘し受領するなどの行為をいうのであって、単に寄附金を提供する行為は含まれない（第３号関係）。

選挙運動用のポスターを貼付することが禁止される地方公共団体の施設等には、市営住宅、公営住宅や地方公共団体が所有使用する自動車も含まれる（第４号関係）。

1　**正しい**（地公法第36条第５項）。

2　**誤り**。単純労務職員及び地方公営企業職員については、政治的行為の制限に関する地方公務員法の規定は適用されない。それぞれ特例規定があるため、地公法第36条の適用が排除されている。

3　**誤り**。公職選挙法に違反する行為はともかくとして、地方公務員法には、政治的行為の制限違反に対する刑罰規定はない。

4　**誤り**。職員が、政党その他の政治的団体を結成し、又はこれらの役員になることは禁止されているが、政治的団体の構成員となること自体は禁止されていない（地公法第36条第１項）。

5　**誤り**（地公法第36条第２項ただし書第１号）。

正答　1

政治的行為の制限⑤

No.86　地方公務員法に規定する政治的行為の制限に関する記述として、妥当なのはどれか。　**(特別区管理職試験出題)**

1　特別区の一般事務に従事する職員が、当該職員の属する特別区の区域内で、単に法律の制定自体に反対する目的をもって、署名運動に積極的に関与することはできない。

2　特別区の一般事務に従事する職員が、当該職員の属する特別区の区域内で特定候補者の依頼により、その勤務時間外に選挙事務所において、無給で経理事務の手伝いをすることはできない。

3　特別区の一般事務に従事する職員が、当該職員の属する区域外で、特定の政党を支持する目的をもって、文書を公営住宅に掲示することはできない。

4　特別区の一般事務に従事する職員が、当該職員の属する特別区の区域外で、公の選挙において特定の人を支持する目的をもって、選挙公報に推薦人として名を連ねることはできない。

5　特別区の一般事務に従事する職員が、当該職員の属する特別区の区域外で、特定の内閣を支持する目的をもって、寄附金その他の金品の募集に関与することはできない。

Key Point

地公法第36条第２項本文に掲げられた具体的な政治的行為についても、正確に理解し記憶することが重要である。

地公法第36条により政治的行為が禁止される「職員が属する地方公共団体の区域内」とは、**都道府県の職員については当該都道府県の区域内、市区町村については当該市区町村の区域内**をいう。区域に係る具体的な事例は、次のとおりである。

都道府県税事務所、福祉事務所などは地方自治法上の「支庁または地方事務所」には該当しないため、それぞれの所轄区域ではなく、都道府県下全域で所定の政治的行為の制限を受ける（行実昭42.6.17）。

派遣職員等で２以上の地方公共団体の職員の身分を併せ有する者については、そのいずれの地方公共団体においても政治的制限を受ける。

1　**誤り**。関与可能（行実昭27.7.29）。

2　**誤り**。単なる労務の提供なので可能（行実昭26.4.12）。

3　**正しい**。区域外も文書掲示不能（地公法第36条第２項第４号）。

4　**誤り**。区域外であれば可能（行実昭37.7.11）。

5　**誤り**。区域外であれば関与可能（地公法第36条第２項第３号）。

正答　3

政治的行為の制限⑥

No.87　地方公務員法に定める職員の政治的行為の制限に関する記述として妥当なのは、次のどれか。　**（東京都管理職試験出題）**

1　職員は、いかなる地域においても、特定の地方公共団体の執行機関を支持する目的をもって、署名運動を企画し又は主宰してはならない。

2　職員は、いかなる地域においても、特定の内閣を支持する目的をもって、文書又は図画を地方公共団体の庁舎や施設に掲示してはならないが、この場合の施設には公営住宅は含まれない。

3　職員は、その属する地方公共団体の区域において、特定の政党を支持する目的をもって、寄附金その他の金品の募集に関与してはならないが、寄附金その他の金品を提供することは禁止されていない。

4　職員は、その属する地方公共団体の区域において、公の選挙において特定の人を支持する目的をもって、投票するように勧誘運動をしてはならず、勤務時間外に選挙事務所で無給で経理事務を手伝うことも禁止されている。

5　職員は、その属する地方公共団体の区域外においては、政党その他の政治的団体の構成員になるように、あるいはならないように勧誘運動をすることができる。

Key Point

地公法第36条の条文から直ちに解答が導けない場合は、第５項の趣旨に照らして、それとの整合性、妥当性から判断することが重要である。

　地公法のほかに、公職選挙法及び政治資金規正法によっても、職員の政治的行為は制限されている。その主なものは次のとおりである。

服務

① **立候補の制限（公選法第89条第１項）**

職員は在職中、公職の候補者になることができない。ただし、単純労務職員及び地公労法第３条第１項の地方公営企業の業務に従事する職員で、本庁の課長又は課長相当職以上の者以外のものは、在職中立候補できる。

② **特定の職員の選挙運動の禁止（公選法第136条）**

選挙管理委員会の職員、警察官など特定の職員は、在職中選挙運動することができない。

③ **地位利用の制限（公選法第136条の２）**

職員は、職務上の地位を利用して選挙運動をすることが禁止されている。

④ **衆議院議員又は参議院議員となろうとする者の事前運動の禁止（公選法第239条の２）**

1　**誤り**。No.82選択肢３の解説参照。

2　**誤り**。職員が、特定の内閣を支持する目的をもって、文書又は図画を地方公共団体の庁舎や施設に掲示することは、職員の属する地方公共団体の区域の内外を問わず禁止され、施設には公営住宅も含まれる（行実昭33.８.２）（地公法第36条第２項ただし書第４号）。

3　**正しい**。職員が、単に寄附金その他の金品を提供することは禁止されていない（地公法第36条第２項ただし書第３号）。

4　**誤り**。無給で時間外に選挙事務所で経理事務を手伝うことは単なる労務の提供であり、地公法第36条第２項ただし書第１号の「勧誘運動」には該当しない。

5　**誤り**。No.83の解説及びNo.82選択肢１の解説参照。

正答　3

争議行為等の禁止①

No.88　地方公務員法に定める争議行為等の禁止に関する記述として妥当なのは、次のどれか。　**（東京都管理職試験出題）**

1　職員は、争議行為を実行する行為又はこれを助長する行為を行ってはならないが、争議行為を実行した場合、その行為に対して、刑事責任を問われることはない。

2　職員は、地方公共団体の機関が代表する使用者としての住民に対して、争議行為又は怠業的行為を行ってはならないが、怠業的行為のうち経済的要求に基づくものに限って、これを行うことができる。

3　職員は、争議行為又は怠業的行為を行ってはならないが、その対象が地方公共団体の機関が代表する使用者としての住民に対するものでない場合に限って、これを行うことができる。

4　何人も、争議行為を実行する行為又はこれを助長する行為を行ってはならないが、争議行為を助長した場合、その行為に対して、刑事責任を問われることはない。

5　何人も、争議行為を実行する行為を行ってはならないが、争議行為を実行した場合、その行為によって生じた地方公共団体の損害に対して、民事責任を問われることはない。

Key Point

争議行為等の制限を定める地公法第37条第１項の前段と後段とでは、刑事責任の有無で異なる扱いがなされることに注意する（地公法第61条第４号）。

解説 地公法第37条が禁止する職員の争議等に関する行為は、**（1）争議行為等を直接実行する行為（第1項前段）と、（2）職員の争議行為等をあおる、そそのかすなどの助長行為（第1項後段）に大別**される。⑴については刑罰の対象とならないが、⑵については刑罰の対象となる（地公法第61条第4号）。

また、⑴の争議行為等の実行行為は、争議行為（地方公共団体の正常な業務の運営を阻害する行為）と、怠業的行為（地方公共団体の機関の活動能率を低下させる行為）に区別される。

1　**正しい**。争議行為を実行する行為は地公法第37条第1項前段で禁止され、争議行為を助長する行為は同項後段で禁止されるが、前者は刑事責任の対象とならない（地公法第61条第4号参照）。

2　**誤り**。職員は、同盟罷業、怠業その他の争議行為をし、又は地方公共団体の機関の活動能率を低下させる怠業的行為をしてはならず（地公法第37条第1項前段）、この場合、その目的にかかわらず行為自体が禁止の対象となる。

3　**誤り**。「地方公共団体の機関が代表する使用者としての住民」は、職員が職務を提供する相手方を指すものであり、地方公共団体の正常な業務の運営を阻害する争議行為が行われた限り、地公法第37条第1項の適用は否定されない。

4　**誤り**。争議行為を実行する行為は地公法第37条第1項前段で禁止され、争議行為を助長する行為は同項後段で禁止されるが、後者は刑事責任の対象になる（地公法第61条第4号）。

5　**誤り**。民間企業の労働者が正当な争議行為を行うことは、労働者の権利であり、民事責任は免責される（労組法第8条）。しかし、公務員の場合、争議行為が禁止されているため、民事上の免責規定の適用はなく（地公法第58条第1項）、民事上の不法行為責任（民法第709条）が成立する。

正答　1

争議行為等の禁止②

No.89　地方公務員法に規定する争議行為等の禁止に関する記述として、妥当なのはどれか。　**(特別区管理職試験出題)**

1　組合の役員である者が、争議行為を企て、又はその遂行を共謀した場合は、争議行為等の禁止の規定にてい触する。

2　ビラの配布等の宣伝活動は、職員の勤務時間外に行われた場合には、地方公共団体の業務の正常な運営を阻害する場合であっても、争議行為に該当しない。

3　職員は、争議行為又は地方公共団体の機関の活動能率を低下させる怠業的行為を行った場合には、刑罰が科せられる。

4　最高裁判所の判例では、職員に対し、争議行為をそそのかしても、その行為により実際に職員が新たに違法行為を実行する決意を生じることがなければ、処罰されないとした。

5　最高裁判所の判例では、年次有給休暇の取得は労働者の当然の権利であり、地方公共団体の業務の正常な運営の阻害を目的として、職員が年次有給休暇を一斉に取得し職場を放棄・離脱する行為は、争議行為には当たらないとした。

Key Point

争議行為等の制限を定める地公法第37条第1項の前段と後段とでは、主体を異にする点（前段は職員、後段は何人）に注意する。

争議行為等の類型の主なものは次のとおりである。

(1) **一斉休暇闘争**（年次有給休暇に名を借りた同盟罷業となる）、(2) **時間内職場大会**（勤務時間にくい込む職場大会は争議行為となる）、(3) **超勤拒否闘争**（時間外勤務は職務命令であり、組織的に拒否することは争議行為等になる）、(4) **宿日直拒否闘争**（宿日直の命令を拒否する方法も争議行為となる）、(5) **ピケッティング**（事務所の入口などで組合員の就労を阻止する行為であり、争議行為になる）

＜勤労基本権の制限の態様＞

職　員　の　種　類	団結権	交渉権	争議権
警察職員及び消防職員	×	×	×
一般の行政職員及び教育職員	△	△	×
地方公営企業職員及び単純労務職員	○	○	×

（注）×印は認められていない権利、△は民間労働者と同じではないが別途類似の権利が認められているもの、○は民間労働者とほぼ同様の権利が認められているものをそれぞれ示す。

1　**正しい**（行実昭28.9.24）。

2　**誤り**。ハンスト、ビラ配り等は勤務時間の内外を問わず、業務の正常な運営を阻害するものである場合は争議行為と解される（行実昭28.9.24）。

3　**誤り**。争議行為の実行には刑罰の適用はなく、助長等の行為に対してのみ刑罰を科している（地公法第61条第4号）。

4　**誤り**。効果を問わない（地公法第61条第4号及び最判昭51.5.21）。

5　**誤り**。その実質は年次有給休暇に名を借りた同盟罷業に他ならない（最判昭48.3.2）。

正答　1

争議行為等の禁止③

No.90 地方公務員法に規定する争議行為等の禁止に関する記述として、妥当なのはどれか。 **(特別区管理職試験出題)**

1　職員は、地方公務員法の規定に違反して同盟罷業、怠業その他の争議行為の実行行為を行った場合、刑罰が科せられる。

2　職員以外の者は、同盟罷業、怠業その他の争議行為の遂行を共謀し、そそのかし、若しくはあおり、又はこれらの行為を企てても、刑罰を科せられることがない。

3　禁止されている争議行為等には、地方公共団体の機関が代表する使用者としての住民に対して行う同盟罷業、怠業その他の争議行為だけでなく、地方公共団体の機関の活動能率を低下させる怠業的行為が含まれる。

4　登録を受けた職員団体は、争議行為等により地方公共団体に経済的損失を与えた場合であっても、不法行為として損害賠償を行う必要がない。

5　争議行為を行った職員であっても、基本的にその身分が保障されているので、地方公共団体に対し、法令等に基づく任命上又は雇用上の権利をもって対抗できるものとする。

Key Point

争議行為等の制限を定める地公法第37条第1項の前段と後段とでは、後段が争議行為の実行を成立要件とせず、助長的行為を独立に禁止している点に注意する。

服務

解説 **争議行為等の計画助長行為**について

(1) 地公法第37条第1項後段は、争議行為等を企て、その遂行を共謀し、そそのかし、若しくはあおる行為を、何人に対しても禁止している。(2) 争議行為等が現実に行われたことを必要とせず、計画助長行為自体を禁止する。(3) 計画助長行為等行った者には、3年以下の懲役または100万円以下の罰金に処せられる（地公法第61条第4号)。争議行為の実行行為に刑罰規定の適用がなく、計画助長行為に刑罰を科するのは、**公共の福祉に反する争議行為等を未然に防止することと、計画助長行為は、主として争議行為等の指導者が関与する核心的な行為であることを重視**したものである。

争議行為等を行った職員の責任について

① **行政責任**－懲戒処分の対象となる（地公法第29条)。

② **民事責任**－民事上の免責を定める労組法第8条が適用されないため（地公法第58条第1項)、民法第709条等の民事責任規定が適用される。

③ **刑事責任**－計画助長行為を行った者は、職員に限らず何人であっても刑事責任の対象となる（地公法第61条第4号)。

1 **誤り**。実行行為について刑罰は科せられないが、懲戒処分の対象となる場合がある。

2 **誤り**。争議行為の共謀等については罰則規定がある（地公法第61条第4号)。

3 **正しい**（地公法第37条第1項)。

4 **誤り**。職員団体は労組法第8条の免責規定は適用されないので（地公法第58条第1項)、不法行為による損害賠償を問われることがある。

5 **誤り**。雇用上の権利をもって対抗不能（地公法第37条第2項)。

正答 3

営利企業への従事等の制限①

No.91　地方公務員法に定める営利企業への従事等の制限に関する記述として、妥当なのはどれか。　**(東京都主任試験改題)**

1　職員は、勤務時間外であっても、任命権者の許可を受けなければ、営利を目的とする私企業を営むことができない。

2　職員は、刑事休職中であれば、任命権者の許可を受けることなく、報酬を得て営利企業に従事することができる。

3　職員は、無報酬であっても、任命権者の許可を受けなければ、消費生活協同組合の役員を兼ねることができない。

4　職員は、講演料や原稿料などの労務や労働の対価でない給付であっても、任命権者の許可を受けなければ、これを受け取ることができない。

5　職員は、勤務時間内の営利企業への従事について任命権者の許可を受けたときは、別に職務専念義務の免除又は年次有給休暇の承認を受ける必要はない。

Key Point

職員が営利企業に従事等をする場合の任命権者の許可は、勤務時間内であるか否かを問わず必要となる。また、勤務時間内の場合、別途、職務専念義務の免除が必要となる。

解説　**地公法第38条第１項により制限される行為は、（１）営利企業（商業、工業又は金融業その他営利を目的とする私企業）の役員等に就任すること、（２）営利企業を営むこと、（３）報酬を得て他の事務、事業に従事することの３つである。**

(1) の「役員」とは、株式会社の場合でいえば、取締役、監査役のような業務の執行または業務の監査について責任を有する地位にある者及びこれらと同等の権限又は支配力を有する地位にある者を指す。(2) の「営利企業」とは、工業、商業、金融業等の業態のいかんを問わず、営利を目的とする限り、農業も含まれる（行実昭26.5.14）。(3) の「報酬」とは、給料、手当等の名称のいかんを問わず、労務、労働の対価として支給あるいは給付されるものをいう。

職員が営利企業に従事等をしようとするときは、その従事等をする時間が勤務時間の内であれ外であれ、任命権者の許可が必要である（行実昭26.12.12）。そして、それが勤務時間中であるときは、別に職務専念義務の免除または年次有給休暇の承認を受けなければならない。

なお、平成29年の地方公務員法の改正により、非常勤職員のうち、パートタイムの会計年度任用職員については、任命権者の許可を要しない旨の規定が追加された。

1　**正しい**（行実昭26.12.12）。
2　**誤り**。営利企業への従事等の制限は、身分上の義務であるため、刑事休職中であっても許可が必要（行実昭43.7.11）。
3　**誤り**。無報酬であれば、消費生活協同組合等営利を目的としない団体の役員となることについて、許可を要しない。
4　**誤り**。任命権者の許可を要しない。
5　**誤り**。営利企業従事許可と職務専念義務免除等は性質が異なるため、各々別個の判断が必要。

正答　1

営利企業への従事等の制限②

No.92　地方公務員法に定める営利企業への従事等の制限に関する記述として、妥当なのはどれか。　**（東京都管理職試験改題）**

1　職員は、営利を目的とする私企業を営むことを目的とする会社その他の団体の役員を兼ねることはできないが、これには、農業協同組合、消費生活協同組合は該当しないとされている。

2　職員は、任命権者の許可を受けなければ、自ら営利を目的とする私企業を営むことはできず、職員の家族も営利を目的とする私企業を営むことはできない。

3　職員は、報酬を得ていかなる事業又は事務に従事することはできず、報酬は、給与、手当のほか、講演料、原稿料などの謝金も該当するとされている。

4　職員が寺院の住職を兼ね、葬儀等を営む際に布施を得ることは、報酬を得て事業に従事することに該当するとされている。

5　職員が営利を目的とする私企業に従事しようとするときは、その従事しようとする時間が勤務時間外であっても、任命権者の許可を受けるとともに、職務専念義務の免除を受ける必要がある。

Key Point

営利企業に従事することの許可と、報酬を得て何らかの事務、事業に従事することは別個の問題である。報酬を得て非営利団体の役員に就く場合は任命権者の許可が必要である。

農業協同組合等の営利を目的としない団体は、それぞれを規制する法律で営利を目的とはしないものと解されている（行実昭26.5.14）ため、その団体の役員に就くことは可能である。しかし、**非営利団体から報酬を受ける場合は、「報酬を得て事業又は事務に従事すること」に該当する。**

服務

1　**正しい**。農協、生協等は法律において、営利を目的とするものとされていない。ただし、報酬を受ける場合には、任命権者の許可が必要（行実昭26.5.14）。

2　**誤り**。職員の家族には制限は課せられない。

3　**誤り**。報酬とは名称のいかんを問わず、労働の対価として支払われる給付をいう。講演料、原稿料などは、労働の対価ではない単なる謝礼であれば報酬に該当しない。

4　**誤り**。布施等は社会通念上、一般的には労働の対価たる報酬とは考えられないため、該当しない（行実昭26.6.20）。

5　**誤り**。従事しようとする時間が勤務時間外である場合は、任命権者の許可は必要だが、職務専念義務の免除は不要（地公法第35条及び第38条）。

正答　1

営利企業への従事等の制限③

No.93　地方公務員法に定める営利企業への従事等の制限に関する記述として妥当なのは、次のどれか。　**(東京都主任試験改題)**

1　職員は、農業協同組合、森林組合等の営利を目的としない団体の役員となって報酬を得ることについては、任命権者の許可は必要とされていない。

2　職員は、その家族が営む私企業の事務に従事して報酬を得ることについては、任命権者の許可は必要とされていない。

3　職員は、任命権者の許可を受けないで営利企業に従事した場合には、懲戒処分の対象となるほか、職員とその企業との契約が無効となる。

4　職員は、講演料、原稿料等の謝金を受け取ることについては、任命権者の許可を得ることが必要であるとされている。

5　職員は、地方公共団体の特別職の職を兼ねてその報酬を得ることについては、任命権者の許可を得ることが必要であるとされている。

Key Point

職員が地方公共団体の特別職の職を兼ねて報酬を得る場合、同一地方公共団体の内外を問わず、任命権者の許可を必要とする。

地方公務員法上、職員が特別職の職を兼ね、その職務に従事することは、「職務に専念する義務」と「営利企業への従事等の制限」の問題であって、その特別職が、法令等により職員の職と兼ねえないものでない限り、これらの規定に従えば許される（行実昭26.3.12）。

なお、職員が他の一般職の職（他の地方公共団体の一般職の職を含む）を兼ねる場合は、これに対して給与を受けてはならないとされている（地公法第24条第3項）。

1　**誤り**。報酬を得て事業または事務に従事する場合、それがいかなるものであれ、たとえば、営利を目的としないものであっても、任命権者の許可を必要とする。

2　**誤り**。上記1と同様、たとえ家族が営む私企業の事務であっても、報酬を得て事業又は事務に従事する場合は、任命権者の許可を必要とする。

3　**誤り**。営利企業への従事等の制限は、職員が服さなければならない義務である。一方、職員と企業との契約は、私法上の関係に基づくものであり、職員の懲戒処分との関係はない。

4　**誤り**。労務、労働の対価ではない給付、たとえば、講演料や原稿料などの謝金や、実費弁償としての車代は報酬には該当しないものと解されている。

5　**正しい**。職員が特別職の職を兼ねて報酬を受ける場合は、同一地方公共団体の内外を問わず、任命権者の許可を必要とする。

正答　5

営利企業への従事等の制限④

No.94　地方公務員法に定める営利企業への従事等の制限に関する記述として妥当なのは、次のどれか。　**(東京都管理職試験改題)**

1　職員は、法律上営利を目的としないこととされている消費生活協同組合や中小企業協同組合の役員となる場合は、報酬の有無にかかわらず任命権者の許可を必要としない。

2　職員は、勤務時間内に国家公務員の職を兼ね報酬を受ける場合において、営利企業に従事等をする許可を任命権者より受けていれば、職務専念義務の免除を任命権者より受ける必要はない。

3　職員は、営利企業に従事等をすることについては、全体の奉仕者としての職務の公正な執行や服務の根本基準である職務専念義務に反する恐れがあるので制限されており、この制限規定に違反した職員には刑罰が適用される。

4　職員は、任命権者の許可を受けなければ、給料、手当その他名称のいかんを問わず労働の対価として支払われる給付を得て、いかなる事業又は事務にも従事してはならない。

5　職員は、退職後も一定期間は営利企業への従事等の制限を受けると規定されており、人事委員会規則で定める地方公共団体の機関と密接な関係にある営利企業の役員の地位に就くことができない。

Key Point

労務、労働の対価として支給あるいは給付される「報酬」を得て事業または事務に従事する場合、任命権者の許可を受ける必要がある。

職員は、**任命権者の許可を受けた場合を除き、報酬を得ていかなる事業または事務にも従事してはならない。**

しかし、収入がすべて報酬であるとされるのではなく、**労務、労働の対価ではない給付、たとえば、講演料や原稿料などの謝金や、あるいは実費弁償としての車代は報酬には該当しない**ものと解されている。

1　**誤り**。報酬を得て事業または事務に従事する場合、それがいかなるものであれ、たとえば、営利を目的としないものであっても、任命権者の許可を必要とする。

2　**誤り**。職員が国家公務員の職を兼ねることにより、国から給与を受け、また勤務時間の一部を割くときは、それぞれ別個に職務専念義務の免除および営利企業等の従事の許可を受ける必要がある（行実昭27.10.10）。

3　**誤り**。地方公務員法上、営利企業への従事等の制限に関する罰則はない（地公法第60条から第65条まで）。

4　**正しい**。任命権者の許可を受ける必要がある「報酬」を得る場合とは、労務、労働の対価として支給あるいは給付されるものを得ることをいう。

5　**誤り**。地方公務員法上、職員の再就職に際し、必要な事項を届け出させることができる旨の規定はあるものの、任命権者の許可までは必要とされていない（地公法第38条の6第2項）。なお、国家公務員についても、職員の再就職に関する規定がある。

正答　4

営利企業への従事等の制限⑤

No.95　地方公務員法に規定する営利企業への従事等の制限に関する記述として、妥当なのはどれか。　**（特別区管理職試験改題）**

1　職員は、営利を目的とする農業を自ら営む場合には、当該の農業は営利を目的とする私企業には含まれないので、任命権者の許可を受ける必要はない。

2　職員は、勤務時間外に報酬を得て営利を目的とする私企業に従事しようとする場合は、勤務時間外は職務専念義務が課されていないので、任命権者の許可を受ける必要はない。

3　職員が寺院の住職を兼ね、布施により事実上収入がある場合は、その収入は一般的に報酬と考えられるので、任命権者の許可を受ける必要がある。

4　刑事事件に関して起訴されたことにより休職処分を受けた職員は、休職期間中に報酬を得て営利を目的とする私企業の事務に従事しようとする場合には、任命権者の許可を受ける必要がある。

5　職員の営利を目的とする私企業への従事に関する許可は、任命権者の権限であるので、人事委員会は、人事委員会規則により任命権者の許可の基準を定めることはできない。

Key Point

営利企業への従事等の制限に違反した場合、地方公務員法上、罰則はなく、違反した職員に対する制裁は、服務規律違反としての懲戒処分に限られる。

地方公務員法第38条に規定する**営利企業への従事等の制限は、職務の公正の確保や職員の品位の維持だけでなく、職務専念義務の確保等をも目的としている**ため、兼業禁止の範囲は広範である。しかし、議員や長の禁止の場合のように絶対的でしかも失職という厳しい制裁を伴うものでなく、許可を受けて例外が認められるものであり、また、その**違反に対する制裁は服務規律違反としての懲戒処分に限られる。**

1　**誤り**。営利を目的とする限り農業も含む（行実昭26.5.14）。

2　**誤り**。職務専念義務免除許可は必要ないが、営利企業への従事等の許可は必要（行実昭26.12.12）。

3　**誤り**。布施は社会通念上報酬とは考えられない（行実昭26.6.20）。

4　**正しい**。刑事休職中も必要（行実昭43.7.11）。

5　**誤り**。基準を定めることができる（地公法第38条第2項）。

正答　4

営利企業への従事等の制限⑥

No.96　地方公務員法に定める営利企業への従事等の制限に関する記述として妥当なのは、次のどれか。　**(東京都管理職試験改題)**

1　職員が、営利を目的とする私企業を営むことを目的とする会社の役員になる場合は、原則として任命権者の許可を要するが、勤務時間外に従事し、かつ無報酬であるときには、任命権者の許可を要さない。

2　営利企業への従事等の制限は職務の公正確保を目的の一つとしており、職員が国家公務員の職を兼ねる場合は、職務の公正は損なわれないので、報酬の有無にかかわらず、任命権者の許可を要さない。

3　人事委員会は、任命権者が職員に与える営利企業に従事等をすることの許可の基準が各任命権者間で不均衡を生じないように、許可の一般的な基準を規則で定めることができる。

4　職員は、人事委員会を置く地方公共団体においては、人事委員会の承認を得た場合を除き、退職後一定期間は、退職前に在職していた職と密接な関係にある営利企業の役員となることが禁止されている。

5　職員は、任命権者から許可を得て営利企業に従事等をする場合でも、勤務時間中に従事する場合にはあらためて職務専念義務の免除の承認を受けなくてはならず、承認を受けずに従事した場合には、罰則の対象となる。

Key Point

任命権者間の取扱いに不均衡が生じないよう、人事委員会は、規則で営利企業に従事等をする場合の許可の基準を定めることができる。

人事委員会が規則で定める営利企業への従事等の制限に関する許可の基準は、任命権者間の取扱いに不均衡が生じないよう調整をとる趣旨のものであり、一般的基準を定めるべきもので、個々具体的な可否を定めるものではない。

なお、地方公共団体の委員会及び委員は、営利企業に従事等をすることの許可の基準を定めるときは、地方公共団体の長と協議しなければならないこととされており（自治法第180条の４第２項、自治法施行令第132条第１項第７号）、人事委員会とは別に、地方公共団体の長による調整も行われることに注意する必要がある。

1　**誤り**。職員が営利企業に従事等をしようとするときは、その従事する時間が勤務時間の内であれ外であれ、任命権者の許可が必要である。

2　**誤り**。職員が国家公務員の職を兼ね、給与またはそれに相当する給付を受ける場合は、任命権者の許可が必要である。

3　**正しい**（地公法第38条第２項）。

4　**誤り**。職員が退職した場合、任命権者の許可は不要である。

5　**誤り**。営利企業等に従事することについて職務専念義務免除の承認を受けなかった場合であっても、罰則はなく、違反した職員に対する制裁は、服務規律違反としての懲戒処分に限られる。

正答　3

営利企業への従事等の制限⑦

No.97　地方公務員法に定める営利企業への従事等の制限に関する記述として妥当なのは、次のどれか。　**(東京都主任試験改題)**

1　職員は、任命権者の許可の有無にかかわらず、営利を目的とする私企業を自ら経営することはできない。

2　職員は、無報酬であれば、任命権者の許可を受けることなく、営利を目的とする私企業の会社その他の団体の役員を兼ねることができる。

3　職員は、勤務時間外であれば、任命権者の許可を受けることなく、報酬を得て営利企業に従事することができる。

4　職員は、刑事休職中であっても、任命権者の許可を受けることなく、報酬を得て非営利団体の事務事業に従事することはできない。

5　特別職の職員に対する営利企業への従事等の制限はなく、議会の議員は、当該地方公共団体に対し請負をする会社の役員になることが認められている。

Key Point

営利を目的とする会社の役員等に就任する場合や自ら営利を目的とする私企業を営む場合は、報酬の有無に関わらず、任命権者の許可を必要とする。

営利企業（商業、工業又は金融業その他営利を目的とする私企業）を営むことを目的とする会社その他の団体の役員に就く場合及び自ら営利企業を営む場合は、報酬の有無に関わらず、任命権者の許可を必要とする。非営利団体の役員に就く場合は、無報酬の場合に限り、任命権者の許可を必要としない。

1　**誤り**。任命権者の許可を受けた場合、職員は、自ら営利を目的とする私企業を営むことができる。

2　**誤り**。営利を目的とする私企業を営むことを目的とする会社その他の団体の役員となる場合は、報酬を得るか否かに関わらず、任命権者の許可を必要とする。

3　**誤り**。職員が営利企業に従事等をしようとするときは、その従事する時間が勤務時間の内であれ外であれ、任命権者の許可が必要である。

4　**正しい**。職員が刑事休職中の場合であっても、任命権者の許可を受けなければ、報酬を得て非営利団体の事務事業に従事することができない。

5　**誤り**。地方公共団体の議会の議員は、当該地方公共団体に対し請負をする会社の役員になることはできない（自治法第92条の２）。

正答　4

退職管理①

No.98　地方公務員法に定める退職管理に関する記述として妥当なのは、次のどれか。

1　在職していた地方公共団体の現役職員に対して、契約・処分であって離職前5年間の職務に属するものに関し、離職後2年間、職務上の行為をするように、又はしないように要求・依頼した再就職者には刑罰又は過料が科される。

2　在職していた地方公共団体の現役職員に対し、職務上不正な行為をするように働きかけた再就職者について、罰金刑を科されることはあるが懲役刑を科されることはない。

3　職員が再就職者から働きかけを受けた場合、不正な行為を伴う働きかけでなければ、人事委員会又は公平委員会に対しての届出は必要ない。

4　再就職情報の任命権者への届出はあくまで個人の判断によるものであり、条例において義務を付けることはできない。

5　不正な行為を伴わない働きかけであれば、これに応じた現役職員について、罰則・処分を受けることはない。

Key Point

働きかけ規制等には制裁措置が設けられており、違反した場合は罰則が科される。

　退職管理に関する規制等に違反した場合は罰則が設けられており、規制される行為により制裁措置が異なる。
　また、働きかけに応じて不正な行為をした職員にも刑事罰が科されることとされている。

1　**正しい**。不正な行為がない場合であっても過料が科される。

2　**誤り**。不正な行為をするように働きかけた再就職者は、１年以下の懲役又は50万円以下の罰金を科される。

3　**誤り**。再就職者から働きかけを受けた場合は、不正な行為を伴わない働きかけであっても、人事委員会又は公平委員会に届出をする必要がある。なお、再就職後の行為が規制される営利企業等には国、国際機関、地方公共団体、独立行政法人通則法第２条第４項に規定する行政執行法人及び特定地方独立行政法人は含まれない。

4　**誤り**。再就職情報の届出義務を条例で定めることは可能であり、届出義務の違反者には、10万円以下の過料を科すこともできる。

5　**誤り**。不正な行為を伴わない働きかけであっても、応じた現役職員は懲戒処分の対象となる。

正答　1

退職管理②

No.99　地方公務員法に定める退職管理に関する記述として妥当なのは、次のどれか。

1　全ての再就職者は、離職後5年間、在職中に自らが決定した契約・処分に関する現役職員への働きかけは禁止されている。

2　全ての再就職者は、在職中に自らが決定した契約・処分に関する現役職員への働きかけは禁止されているが、地方公共団体の事業と密接な関連を有するものとして長が認める場合に限り、例外が認められる。

3　全ての再就職者は、離職後2年間、在職中の全ての職務に関する現役職員への働きかけは禁止されている。

4　地方公共団体の長の直近下位の内部組織の長の職に就いていた再就職者は、離職後2年間、離職前5年より前に直近下位の内部組織の長に就いていたときの職務に関する現役職員への働きかけは禁止されている。

5　国の部課長級職に相当する職に就いていた再就職者は、離職後5年間、離職前5年より前に国の部課長相当職に就いていたときの職務に関する現役職員への働きかけは禁止されている。

Key Point

再就職者は、在職時のポストや職務内容により、規制内容が異なる。

再就職者は、離職後も現役職員に対して在職時の職務に関して一定の影響力を有すると考えられている。職務の公正な執行及び公務に対する住民の信頼を損なうことが無いよう、働きかけ規制が導入されている。

1　**誤り**。再就職者は、在職中に自らが決定した契約・処分に関する現役職員への働きかけについて、期限の定めなく禁止されている。なお、再就職者には、臨時的に任用された職員、条件付採用期間中の職員及び非常勤職員（再任用で短時間勤務の職を占める職員を除く。）は含まれない。

2　**誤り**。例外は、地方公共団体若しくは国の事務若しくは事業と密接な関連を有する業務として人事委員会規則で定めるものなどについて認められる。

3　**誤り**。全ての元職員は、離職後２年間、離職前５年間の職務に関する現役職員への働きかけは禁止されている。

4　**正しい**。地方公共団体の長の直近下位の内部組織の長の職は、県の部長や市の局長を想定している。

5　**誤り**。同規制の期間は、離職後２年間である。

正答　4

退職管理③

No.100　地方公務員法に定める退職管理に関する記述として妥当なのは、次のどれか。　**（東京都主任試験改題）**

1　任命権者は、職員であった者に規則違反行為を行った疑いがあると思料するときは、遅滞なく、その旨を退職管理委員会の委員に報告しなければならない。

2　任命権者は、職員に規則違反行為を行った疑いがあると思料するときは、内密に調査を行って事実関係を確認した後で、人事委員会又は公平委員会に対し、当該行為について初めて通知をすることとされている。

3　人事委員会又は公平委員会は、規則違反行為の疑いがあると思料するときは、退職管理委員会の委員に対し調査を行うよう求めなければならない。

4　再就職した元職員のうち理事であった者が法人の役員に就こうとする場合又は就いた場合には、地方公務員法の規定に基づき、再就職情報の届出をしなければならない。

5　職員は、適用除外の場合を除き、再就職者から地方公務員法で禁止されている要求又は依頼を受けたときは、人事委員会又は公平委員会に届け出なければならない。

Key Point

規制違反に対する監視について、第三者性を備える人事委員会又は公平委員会が担うこととされている。

再就職者からの働きかけに対する規制の実効性を確保するため、任命権者は、職員又は職員であった者に規則違反行為を行った疑いがあるときは、人事委員会又は公平委員会に報告しなければならず、調査を行う場合にも人事委員会又は公平委員会への報告義務がある。一方、人事委員会又は公平委員会は規則違反行為の疑いがあるときは、任命権者に対し調査を行うよう求めることができる。

退職管理

1　**誤り**。任命権者は、職員又は職員であった者に規則違反行為を行った疑いがあると思料するときは、その旨を人事委員会又は公平委員会に報告しなければならない（地公法第38条の３）。

2　**誤り**。任命権者は、職員又は職員であった者に規則違反行為を行った疑いがあると思料して規則違反行為の調査を行おうとするときは、人事委員会又は公平委員会にその旨を通知しなければならない（地公法第38条の４第１項）。また、調査を終了したときは、遅滞なくその結果を報告しなければならない（地公法第38条の４第３項）。

3　**誤り**。人事委員会又は公平委員会は職員又は職員であった者に規則違反行為を行った疑いがあると思料するときは、任命権者に対し、調査を行うよう求めることができる（地公法第38条の５第１項）。

4　**誤り**。地方公共団体は、条例で定めるところにより、職員であった者で条例で定めるものが、条例で定める法人の役員その他の地位であって条例で定めるものに就こうとする場合又は就いた場合には、離職後条例で定める期間、条例で定める事項を条例で定める者に届け出させることができる。

5　**正しい**（地公法第38条の２第７項）。

正答　5

公務災害補償①

No.101　地方公務員法に定める公務災害補償に関する記述として妥当なのは、次のどれか。　**（東京都管理職試験出題）**

1　公務災害補償は、常勤の職員が公務によって、負傷し又は疾病にかかった場合において、その職員が受けた損害を補償するものであり、公務による死亡は補償の対象としていない。

2　公務災害補償は、常勤の職員が受けた公務上の災害を補償の対象としているが、公務上の災害として認定されるためには、その災害が業務遂行性を有することが必要とされ、業務起因性を有することは必要とされていない。

3　公務災害補償は、常勤の職員が通勤途上で受けた災害も補償の対象としているが、この通勤とは、公務の性質を有する場合を除き、職員が勤務のため、住居と勤務場所との間を合理的な経路及び方法により往復することをいう。

4　公務災害補償は、地方公共団体が職員に対して補償を直接行うものであり、補償を確実なものとするため、地方公共団体の附属機関として地方公務員災害補償基金が設置されている。

5　公務災害補償は、補償の迅速かつ公正な実施を確保するため、地方公務員災害補償基金が補償の認定を行うにあたっては、災害を受けた職員の任命権者の意見を聞くことを要件としていない。

Key Point

通勤災害は、住居と勤務場所を合理的な経路及び方法で往復することが前提である。経路逸脱又は往復中断の場合は、必要最小限のものを除き、通勤災害とはならない。

通勤による災害においては、往復の経路を逸脱したり、往復を中断したりしたときは、その**逸脱または中断が日用品の購入など日常生活上必要やむを得ない理由による最小限のものである場合を除き、その逸脱または中断後の往復途上の災害は通勤途上災害とはならない**（地公災法第２条第２項、第３項）。

1　**誤り**。公務による死亡は、公務災害補償の対象である（地公法第45条第１項）。

2　**誤り**。具体的にある災害が公務上のものと認定されるためには、その災害が業務遂行性と業務起因性とを有していることが要件であるとされている。

3　**正しい**。通勤による災害は、職員が勤務のため、住居と勤務場所との間を合理的な経路及び方法により往復することに起因する災害の場合である。

4　**誤り**。地方公務員災害補償の実施主体は、地公法第45条を受けて設立された地方公務員災害補償法に基づく基金であり、この基金が地方公共団体に代わって補償を行う（地公災法第１条）。

5　**誤り**。公務上の災害の認定を行うに当たっては、災害を受けた職員の任命権者の意見を聞かなければならない（地公災法第45条第２項）。

正答　3

公務災害補償②

No.102　地方公務員公務災害補償制度に関する記述として妥当なのは、次のどれか。　**(東京都管理職試験出題)**

1　地方公務員災害補償基金が行う補償制度の対象となる職員は、一般職・特別職を問わず、すべての常勤職員及びすべての非常勤職員である。

2　公務上の災害の認定については、使用者である地方公共団体の過失責任主義が採られており、補償の対象には、身体的損害のほか物的損害も含まれる。

3　公務上の災害については、その災害が業務遂行性と業務起因性をもつことが認定の要件であり、業務遂行性とは災害が使用者の支配管理下で発生したことをいい、業務起因性とは災害の発生が職務遂行と相当因果関係にあることをいう。

4　職員が公務運営上の必要により入居が義務づけられている宿舎において、宿舎の不完全又は管理上の不注意によって負った負傷については、公務上の災害にはならず、民法上の損害賠償制度の対象となる。

5　通勤途上の災害については、往復の経路の逸脱又は中断があったときは、その理由と程度を問わず、逸脱又は中断の後の経路で起きた災害は、公務災害に認定されない。

Key Point

公務上の災害として認定されるためには、その災害が業務遂行性と業務起因性を有していることが必要である。

具体的にある災害が公務上のものと認定されるためには、その災害が業務遂行性と業務起因性を有していることが要件であるとされている。

業務遂行性とは、災害が使用者の支配管理の下で発生したものであることをいい、業務起因性とは、災害の発生が職務の遂行と相当因果関係（合理的な原因と結果の関係）にあることをいう（最判昭51.11.12）。

福祉及び利益の保護

1　**誤り**。補償の対象となる職員について、常勤の職員は全て含まれるが、非常勤職員については、労働者災害補償保険法、船員保険法など特定の法律の適用を受ける者は除かれる。

2　**誤り**。公務上の災害の認定に際しては、無過失責任主義が採られている。

3　**正しい**。設問のとおり、公務上の災害は、業務遂行性と業務起因性の双方を満たしている必要がある。

4　**誤り**。公務運営上の必要により入居が義務づけられている宿舎において、その宿舎の不完全または管理上の不注意によって発生した負傷は、公務上の負傷と認定される（昭48.11.26基金理事長通知）。

5　**誤り**。当該逸脱又は中断が、日用品の購入など日常生活上やむを得ない理由による最小限のものである場合は、通勤途上の災害として認定される（地公災法第２条第３項）。

正答　3

公務災害補償③

No.103　地方公務員災害補償法に定める公務災害補償制度に関する記述として妥当なのは、次のどれか。　**（東京都管理職試験出題）**

1　地方公務員災害補償法の適用対象となる職員は、常時勤務に服することを要する一般職の地方公務員であり、常時勤務に服することを要する特別職の地方公務員を含まない。

2　補償の対象となる災害には、公務上の災害と通勤による災害があり、そのうち公務上の災害として認定されるためには、当該災害が、業務遂行性又は業務起因性のいずれか一方の要件を充足することが必要である。

3　通勤による災害は、勤務のため住居と勤務場所との間を合理的な経路及び方法により往復する場合の災害であり、日用品の購入などのために往復の経路を逸脱したり中断したときには、その後の災害は補償の対象とならない。

4　ある災害が公務又は通勤により生じたものであるか否かの認定については、職権主義ではなく請求主義がとられており、認定は、補償を受けようとする者の請求をまって行われる。

5　補償の手続においては、地方公共団体が職員の災害について公務上の災害等に該当するか否かの認定を行い、地方公務員災害補償基金はその認定に基づいて補償の支給事務を行う。

Key Point

公務上の災害及び通勤途上の災害の認定は、補償を受けようとする者からの請求により、地方公務員災害補償基金が行う。

解説　**公務上の災害及び通勤途上の災害の認定主体は**、地公法第45条を受けて制定された**地公災法に基づく基金である**（地公災法第１条）。

また、**災害の認定は、補償を受けようとする者からの請求に基づき行う**（地公災法第45条第１項）。

福祉及び利益の保護

1　**誤り**。地公災法の対象となる職員は、常時勤務に服することを要する地方公務員であり、一般職の常勤職員はもとより、知事や副知事等の特別職も含まれる（地公災法第２条第１項）。

2　**誤り**。公務上の災害として認定されるためには、その災害が業務遂行性と業務起因性の双方を有していることが必要である。

3　**誤り**。日用品の購入など、経路逸脱又は往復中断が日常生活上やむを得ない理由による最小限のものである場合は、通勤途上の災害として認定される（地公災法第２条第３項）。

4　**正しい**。補償を受けようとする者から補償の請求を受けたときは、その補償の請求の原因である災害が公務又は通勤により生じたものであるかどうかを速やかに認定し、その結果について、当該請求をした者及び当該災害を受けた職員の任命権者に通知しなければならない（地公災法第45条第１項）。

5　**誤り**。地方公務員災害補償の認定主体は、地公法第45条を受けて制定された地公災法に基づく基金であり、この基金が地方公共団体に代わって補償を行う（地公災法第１条）。

正答　4

勤務条件に関する措置の要求①

No.104　地方公務員法に定める勤務条件に関する措置の要求に関する記述として妥当なのは、次のどれか。　**(東京都主任試験出題)**

1　措置要求は、職員が勤務条件について地方労働委員会に対し、議会が適当な措置を執るよう要求するものである。

2　措置要求は、職員団体が勤務条件について地方労働委員会に対し、地方公共団体の当局が適当な措置を執るよう要求するものである。

3　措置要求は、職員が当該職員の不利益処分について人事委員会又は公平委員会に対し、議会が適当な措置を執るよう要求するものである。

4　措置要求は、職員団体が職員の不利益処分について監査委員に対し、地方公共団体の当局が適当な措置を執るよう要求するものである。

5　措置要求は、職員が勤務条件について人事委員会又は公平委員会に対し、地方公共団体の当局が適当な措置を執るよう要求するものである。

Key Point

措置要求は、公務員としての地位に基づく基本的な権利を支持し確保するための保障請求権の一つであるが、誰が、何を、どこに対して要求するのかを、まず体系的に理解する必要がある。

勤務条件に関する措置要求制度は、地公法が職員に対し労組法の適用を排除し、団体協約を締結する権利を認めず、争議行為を禁止し、労働委員会に対する救済申立ての途を閉ざしたことに対応し、職員の勤務条件の適正を保障するため、職員の勤務条件につき人事委員会又は公平委員会の適法な判定を要求しうべきことを、職員の権利ないし法的利益として保障する趣旨のものである。

地公法第46条において、**職員が職員の勤務条件に関し、人事委員会又は公平委員会に対して、地方公共団体の当局によって適当な措置が執られるべきことを要求することができる**ことが定められている。

1 **誤り**。地方労働委員会ではなく人事委員会又は公平委員会、議会ではなく、地方公共団体の当局である。

2 **誤り**。職員団体ではなく職員、地方労働委員会ではなく人事委員会又は公平委員会である。

3 **誤り**。不利益処分ではなく勤務条件である。ちなみに、不利益処分については、不利益処分に関する審査請求を行うことになる。また、議会ではなく地方公共団体の当局である。

4 **誤り**。職員団体ではなく職員、不利益処分ではなく勤務条件、監査委員ではなく人事委員会又は公平委員会である。

5 **正しい**。

正答　5

勤務条件に関する措置の要求②

No.105　地方公務員法に定める勤務条件に関する措置の要求についての記述として、妥当なのはどれか。　**（東京都主任試験改題）**

1　措置要求は、労働基本権が制限されていることに対する代償措置の一つであり、職員個人のほか職員団体も行うことができる。

2　措置要求は、特別職の職員は行うことができるが、臨時的任用職員及び条件付採用期間中の職員は行うことができない。

3　措置要求の対象となる事項は、給与や勤務時間その他勤務条件に関する事項全般にわたり、職員定数の増減や人事評価の評定制度も対象になる。

4　措置要求の判定結果に基づく勧告は、法律上の拘束力を有しており、勧告を受けた機関は必要な措置をとらなければならない。

5　最高裁判所は、措置要求が違法に却下又は棄却されたときは、職員の権利を侵害するものであるから、取消訴訟の対象になると判示している。

Key Point

措置要求は労働基本権の制限の代償措置として認められているものであり、措置要求権者の範囲が限定されていることに注意する。

解説　**措置要求をすることができる者は職員に限られる。職員には臨時的任用職員、条件付採用期間中の職員を含む。**しかし、企業職員及び単純労務職員は、勤務条件の決定方式が一般職員と異なり、労働組合を結成して当局と団体交渉を行い、団体協約により労働条件を定める権利が認められるとともに、労働関係の紛争については、労働委員会によるあっせん、調停及び仲裁の制度が適用されるので、措置要求することは認められていない（地公法第57条、地公企法第39条第１項、地公労法附則第５項）。

福祉及び利益の保護

1　**誤り**。職員団体は行うことができない（行実昭26.10.９）。

2　**誤り**。臨時的任用職員及び条件付採用期間中の職員は措置要求を行うことができる。

3　**誤り**。職員定数の増減（行実昭33.10.23）や人事評価の評定制度（行実昭33.５.８）は管理運営事項に該当し、対象外。

4　**誤り**。措置要求の判定に基づく勧告には法的拘束力はないが、可能な限り尊重すべき政治的、道義的責任を負う。

5　**正しい**（最判昭和36.３.28）。

正答　5

勤務条件に関する措置の要求③

No.106　地方公務員法に定める勤務条件に関する措置要求についての記述として、妥当なのはどれか。　**（東京都管理職試験改題）**

1　措置要求は、一般職の職員が行うことができるもので、地方公営企業職員及び単純労務職員も、消防職員と同様に措置要求を行うことができる。

2　措置要求は、職員が当該地方公共団体の職員の地位を有する限り、その職員において過去のものとなった勤務条件についても行うことができるが、退職した職員は、現に職員としての地位を有しないので行うことはできない。

3　措置要求は、職員が個人で行うことはもとより、職員団体が行うこともできるが、職員が他の職員からの民法上の委任による代理権に基づいて行うことはできない。

4　措置要求の対象は、給与、勤務時間その他の勤務条件に関するものであるが、職員は現在の勤務条件を変更しないという不作為を要求することはできない。

5　措置要求についての人事委員会の判定及び勧告は、法的な拘束力を有するものであり、その判定又は勧告に不服がある者は、人事委員会に審査請求を行うことができる。

Key Point

民法の規定に基づく委任による代理人及び職員団体の取扱いについて押さえる必要がある。

　措置要求は職員が個々に要求をすることは勿論、職員の個々が共同して要求することもでき（行実昭26.11.21）、民法の規定に基づく委任により、代理人を選任して、その代理人により措置要求を行うこともできる（行実昭32.3.1）。なお、**職員団体は職員ではないため、措置要求することはできず**（行実昭26.10.9）、職員団体を代理人に選任することもできない（行実昭26.10.24）。

1　**誤り**。企業職員及び単純労務職員は認められていない。
2　**正しい**。退職者はできない（行実昭27.7.3、29.11.19）。
3　**誤り**。職員団体はできないが、代理人による措置要求は可能（行実昭32.3.1）。
4　**誤り**。現行勤務条件の不変更を要求可能（行実昭33.11.17）。
5　**誤り**。一事不再理の原則は適用されないが、審査請求の対象にはならない。

正答　2

勤務条件に関する措置の要求④

No.107　地方公務員法に定める勤務条件に関する措置の要求に関する記述として妥当なのは、次のどれか。

（東京都管理職試験改題）

1　措置要求は、一般の行政事務に従事する職員は行うことができるが、地方公営企業の職員、教育職員、警察職員、消防職員及び単純労務職員は行うことができない。

2　措置要求の対象となる勤務条件とは、職員が自己の勤務を提供し、又はその提供を継続するかどうかの決心をするにあたり、一般的に当然考慮の対象となるべき利害関係事項であり、人事評価や職員定数の増減はこれに含まれる。

3　措置要求の内容は、新たな法律関係を生じさせ、又は既存の法律関係を消滅させ、若しくは変更するような作為に限られており、職員は現在の法律関係を変更しないという不作為を要求することはできない。

4　人事委員会は、措置要求に対する判定の結果に基づいて、当該事項に関して権限を有する機関に対して必要な勧告を行うが、条例や規則の改正についても勧告することができる。

5　職員は、措置要求に対する判定があった場合、同一職員が同一事項について改めて措置の要求をすることはできないが、再審を請求して判定の修正を求めることはできる。

Key Point

措置要求を行うことのできる勤務条件とは、職員が自己の勤務を提供し、又はその提供を継続するかどうかの決心をするにあたり、一般的に当然考慮となるべき利害関係事項である。

職員が措置要求できる内容は、給与、勤務時間その他の勤務条件である。ここでいう**勤務条件とは、職員が地方公共団体に対し勤務を提供するについて存する諸条件で、職員が自己の勤務を提供し、又は、その提供を継続するかどうかの決心をするにあたり、一般的に当然考慮の対象となるべき利害関係事項である**とされており（行実昭35.9.19）、地公法第55条第1項の交渉の対象となる勤務条件と同義であると解されている（東京地判平2.12.7）。よって、給与（諸手当を含む）、旅費、勤務時間、休日、休暇などをはじめ、執務環境、当局が実施する福利厚生、安全衛生などその範囲は広い。

したがって、その内容が勤務条件に関するものである限り、**新しい法律関係を設定し又は既存の法律関係を変更させないという不作為についても措置要求をすることができる**（行実昭33.11.17）。

1　**誤り**。教育職員、警察職員、消防職員は措置要求をすることができる。

2　**誤り**。人事評価や職員定数そのものについては管理運営事項であり、措置要求の対象とすることはできない（行実昭33.5.8、行実昭33.10.23）。

3　**誤り**。職員が勤務条件を変更しないように求める措置要求も勤務条件に該当するものであるから、これを行うことは可能である（行実昭33.11.17）。

4　**正しい**。職員の給与、勤務時間、その他の勤務条件は、条例で定める（地公法第24条第5項）のであるから、条例に定められた事項であっても措置要求の対象となる（行実昭28.8.15）。

5　**誤り**。人事委員会または公平委員会の判定に不服がある要求者が再審の手続を取ることは認められていない（行実昭33.12.18）。

正答　4

勤務条件に関する措置の要求⑤

No.108　地方公務員法に定める勤務条件に関する措置要求についての記述として妥当なのは、次のどれか。　**（東京都主任試験改題）**

1　措置要求は、職員が人事委員会又は公平委員会に対して、任命権者により意に反する不利益処分を受けた場合に、その救済の申立てを行うものである。

2　措置要求は、職員が人事委員会又は公平委員会に対して、勤務条件に関して地方公共団体の当局が適当な措置をとるべきことを要求するものである。

3　措置要求は、職員又は職員団体が職員の勤務条件に関して行うものであり、臨時的任用職員や条件付採用期間中の職員はこれを行うことができない。

4　措置要求は、職員又は職員団体が地方公共団体の長に対して、職員定数や予算について、必要な措置をとるべきことを要求するものである。

5　措置要求は、職員団体が地方公共団体の長に対して、職員の勤務条件に関して、地方公共団体の当局が適当な措置をとるべきことを要求するものである。

Key Point

管理運営事項（職員定数の増減、予算の増額、行政機構の改廃等）については、措置要求することはできない。

職員が措置要求できるのは、給与、勤務時間その他の勤務条件であるとされているが、具体的には、**給与（諸手当を含む）、旅費、勤務時間、休日、休暇などをはじめ、執務環境、当局が実施する福利厚生、安全衛生などその範囲はかなり広い**ものである。

しかし、職員定数の増減（行実昭33.10.23）や予算の増額（行実昭34.9.9）、人事評価制度（行実昭33.5.8、東京地判昭36.10.5）など、もっぱら地方公共団体の機関が判断し、執行すべき**管理運営事項については、勤務条件に該当せず措置要求することはできない**。

1　**誤り**。不利益処分に関する審査請求の記述である。

2　**正しい**。

3　**誤り**。職員団体は職員ではないから措置要求することはできない（行実昭26.10.9）。また、臨時的任用職員や条件付採用職員は措置要求をすることができる。

4　**誤り**。措置要求できる内容は、勤務条件に関する事項であるが、もっぱら地方公共団体の機関が判断し執行すべき管理運営事項である定数の増減や予算の増額は、これに該当しない。

5　**誤り**。職員団体は職員ではないから措置要求することはできない（行実昭26.10.9）。

正答　2

勤務条件に関する措置の要求⑥

No.109　地方公務員法に定める勤務条件に関する措置の要求についての記述として、妥当なのはどれか。　**（東京都管理職試験出題）**

1　措置要求は、一般職の職員が行うことができ、地方公営企業職員や単純労務職員も、争議権をはじめとする労働基本権が制約されていることから、その代償として措置要求を行うことができる。

2　措置要求の対象は、給与、勤務時間その他の勤務条件に関することであり、職員は現在の勤務条件を変更しないように求める措置要求はできるが、転勤により当該職員にとって過去のものとなった勤務条件は、その対象外である。

3　人事委員会は、措置要求があったときは、事案について口頭審理その他の方法による審査を行うが、職員から請求があったときは、事案について口頭審理を公開して行わなければならないことが法定されている。

4　人事委員会の判定に不服のある職員は、再審の手続きをとることは認められているが、措置要求には、いわゆる一事不再理の原則が適用されるため、同一職員が同一事件について、再度の措置要求を行うことはできない。

5　人事委員会が行う判定は、法的拘束力を有しないとされるが、最高裁判所の判例によれば、措置要求に対して違法な手続きでなされた棄却の決定は、職員の権利の侵害となり、取消訴訟の対象となる行政処分に当たる。

Key Point

過去のものとなった勤務条件や他の職員にかかる勤務条件、退職者の取扱いについて押さえる必要がある。

転勤等により当該職員にとっては**過去のものとなった勤務条件**であっても、また、**他の職員にかかる勤務条件**であったとしても措置要求することができる（行実昭26.8.15）が、退職した職員は、もはや職員たる地位を有しないので、措置要求することはできない（行実昭27.7.3）。したがって、**退職者が退職手当について措置要求することはできない**（行実昭29.11.19）。このような場合、自治法第206条に基づいて審査の請求を行うか、民事上の給付の訴を提起することになる。

1　**誤り**。地方公営企業の職員及び単純労務職員は、措置要求することができない（地公法第57条、地公企法第39条第1項、地公労法附則第5項）。

2　**誤り**。上記解説参照。

3　**誤り**。請求があった場合も口頭審理は行う必要はない。あくまで委員会が職権で決定すべきものとされている。

4　**誤り**。再審は不能だが、一事不再理ではない。

5　**正しい**。取消訴訟の対象となる。

正答　5

勤務条件に関する措置の要求⑦

No.110　地方公務員法に定める勤務条件に関する措置の要求についての記述として妥当なのは、次のどれか。

（東京都主任試験出題）

1　措置要求のできる者は、一般職に属する職員であり、企業職員や単純な労務に雇用される職員も措置要求をすることができる。

2　措置要求のできる者は、職員個人に限られず、職員団体も職員の利益を代表するものとして措置要求をすることが認められている。

3　措置要求の対象となる事項には、職員の勤務条件に関するものであれば、地方公共団体の管理運営事項も含まれる。

4　措置要求の対象となる事項には、職員の具体的な権利・利益に影響を及ぼすものであれば、給与や勤務条件などの一般的な勤務条件も含まれる。

5　人事委員会又は公平委員会は、措置要求の判定結果により、当該事項について権限をもつ機関に対して必要な措置を求めるが、これは法的拘束力をもつ。

Key Point

人事委員会又は公平委員会の行う勧告には法的拘束力はないが、勧告を受けた機関は、これを可能な限り尊重すべき政治的、道義的責任を負う。

人事委員会又は公平委員会は、事案について口頭審理その他の方法による審査を行い、事案を判定する（地公法第47条）。この**判定は、特に当事者を拘束する強制力を持つものではない**。この点、不利益処分の審査請求に対する判定とその効力を異にする。

人事委員会又は公平委員会は、判定の結果に基づいて、その権限に属する事項については自らこれを実行し、その他の事項については、当該事項に関し権限を有する地方公共団体の機関に対し、必要な勧告を行う（地公法第47条）。

なお、**勧告には法的拘束力はないが、勧告を受けた機関は、これを可能な限り尊重すべき政治的、道義的責任を負う。**

福祉及び利益の保護

1　**誤り**。地方公営企業の職員及び単純労務職員は、措置要求することができない（地公法第57条、地公企法第39条第1項、地公労法附則第5項）。

2　**誤り**。職員団体は職員ではないから措置要求することはできない（行実昭26.10.9）。

3　**誤り**。管理運営事項については、勤務条件に該当せず、措置要求することはできない。

4　**正しい**。

5　**誤り**。人事委員会又は公平委員会の行う勧告に法的拘束力はないが、勧告を受けた機関はこれを可能な限り尊重すべき政治的、道義的責任を負う。

正答　4

勤務条件に関する措置の要求⑧

No.111　地方公務員法に定める勤務条件に関する措置の要求に関する記述として妥当なのは、次のどれか。

（東京都管理職試験改題）

1　措置要求制度は、正式に任用された職員に労働基本権制限の代償措置として認められたものであり、条件付採用期間中の職員や臨時的任用職員は措置要求を行うことができない。

2　措置要求は、職員が単独又は他の職員と共同して行うほか、職員団体も措置要求を行うことができる。

3　措置要求の対象となる事項は、給与、勤務時間、執務環境など勤務条件に関する事項全般にわたり、職員定数の増減や人事評価制度の実施・改廃も勤務条件と密接に関わるので措置要求の対象となる。

4　人事委員会は、措置要求を審査しその判定結果に基づいて、他の機関の権限に属する事項については、必要な勧告を行わなければならないが、このとき、条例や規則の改廃に及ぶ内容も勧告することができる。

5　措置要求に対する人事委員会の判定は法的拘束力を有し、この判定に不服のある者は、この判定を不利益処分として審査請求を行うことができる。

Key Point

措置要求には一事不再理の原則の適用はない。

人事委員会又は公平委員会の判定に不服がある要求者が再審の手続を取ることは認められていない（行実昭32.12.18）。しかし、**措置要求にはいわゆる「一事不再理」の原則の適用はない**（行実昭34.3.5）ので、同一職員が同一事項について改めて措置要求することは可能である。また、措置要求が違法に却下されたり、審査手続が違法に行われた場合には、取消訴訟の対象になる（最判昭36.3.28）。

福祉及び利益の保護

1　**誤り**。臨時的任用職員や条件付採用職員は措置要求をすることができる。

2　**誤り**。措置要求は、職員が共同して要求することはできるが、職員団体は職員ではないから措置要求することはできない（行実昭26.10.9、No.106の解説参照）。

3　**誤り**。人事評価制度や職員定数の増減については管理運営事項であり、そのものを措置要求の対象とすることはできない（行実昭33.5.8、行実昭33.10.23）。

4　**正しい**。人事委員会又は公平委員会は、審査にあたり法律上の適否だけでなく、当不当の問題、さらには条例や規則の改廃についても勧告しうる。

5　**誤り**。判定及び勧告には、法的拘束力はなく、また、不利益処分としての審査請求を行うこともできない。

正答　4

勤務条件に関する措置の要求⑨

No.112　地方公務員法に規定する勤務条件に関する措置の要求に関する記述として妥当なのは、次のどれか。

（特別区管理職試験改題）

1　退職した職員は、退職前の時期にさかのぼって一斉に定期昇給が行われた場合、当該定期昇給がなされなかったことについて、勤務条件に関する措置の要求をすることができる。

2　職員は、勤務条件に関する措置の要求をする場合、民法の規定に基づく委任をすることができるが、その委任先は職員に限られず、職員団体を代理人として選任し、当該勤務条件に関する措置の要求をすることができる。

3　職員は、給与その他の給付に関して、勤務条件に関する措置の要求が認められている場合であっても、当該職員の所属する地方公共団体の長に対し、地方自治法に基づく審査請求をすることができる。

4　人事委員会は、勤務条件に関する措置の要求に関し、当該人事委員会が既に判定を下した事案と同一と判断される事項を対象として同一人から再び措置の要求が提起された場合、一事不再理の原則を理由に却下することができない。

5　人事委員会は、勤務条件に関する措置の要求をした職員が、当該要求事項の審査中に死亡し、その審査を継続する必要がなくなった場合であっても、当該人事委員会の職権により審査を打ち切ることができない。

Key Point

審査を継続することができなくなったとき、又はその実益がなくなったときは、人事委員会又は公平委員会は職権で審査を打ち切ることができる。

措置要求をした職員が死亡したり、その他の事由で離職したり、あるいは長期間所在不明となった場合、さらには当事者の話し合いで問題が解決した場合、あるいは要求事項が消滅した場合など審査を継続することができなくなったとき、又はその実益がなくなったときは、人事委員会又は公平委員会は職権で審査を打ち切ることができる。

1　**誤り**。退職した職員は、もはや職員たる地位を有しないので、措置要求することはできない（行実昭27. 7 . 3 ）。

2　**誤り**。職員団体は職員ではないため、措置要求することはできず（行実昭26.10. 9 ）、職員団体を代理人に選任することもできない（行実昭26.10.24）。

3　**誤り**。勤務条件に関する措置要求は、地方自治法第206条第 1 項の「法律に特別の定めがある場合」に該当し、一般職の職員の給与その他の給付に関する異議の申立てはもっぱら措置要求により行うものと解されている（行実昭27. 7 .15）。

4　**正しい**（行実昭34. 3 . 5 ）。

5　**誤り**。審査を継続する必要がなくなった場合には、職権で審査を打ち切ることができる。

正答　4

不利益処分に関する審査請求①

No.113　地方公務員法に定める不利益処分に関する審査請求に関する記述として妥当なのは、次のどれか。

（東京都管理職試験改題）

1　職員は、懲戒その他の不利益処分を受けた場合には、地方労働委員会に対し審査請求を行うことができ、また条件付採用期間中の職員もこれを行うことができる。

2　職員は、給与、勤務時間その他の勤務条件に関し不利益処分を受けた場合には、任命権者に対して審査請求を行うことができ、また臨時的任用職員もこれを行うことができる。

3　職員は、給与、勤務時間その他の勤務条件に関し不利益処分を受けた場合には、労働基準監督署に対して審査請求を行うことができ、また職員団体もこれを行うことができる。

4　任命権者は、審査機関の判定に対して不服がある場合には、直接に裁判所に対して判定の取消しの訴えを提起することができ、必ずしも審査機関に対する再審の手続を経る必要はない。

5　任命権者は、審査機関が不利益処分について取消しの判定をした場合には、その判定に従った効力が生じるため、必ずしも当該不利益処分を取り消す処分を改めて行う必要はない。

Key Point

勤務条件に関する措置要求と不利益処分に関する審査請求との違いを体系的に整理しておくこと。

不利益処分に関する審査請求の制度は、公務員独自のものであり、**公務員の身分の特殊性である強い身分保障を実質的に担保する制度**である。

職員は、任命権者から懲戒その他その意に反する不利益な処分を受けた場合、人事委員会又は公平委員会に対してのみ審査請求をすることができる（地公法49条の２第１項）。**ここでいう「職員」とは、退職処分に関する限り、退職者も含まれる**（行実昭26.11.27）。

ただし、**次の職員は審査請求制度の対象外**である。

① 条件付採用期間中の職員（地公法第29条の２第１項第１号）
② 臨時的に任用された職員（地公法第29条の２第１項第２号）
③ 企業職員及び単純な労務に雇用されている職員（地公法第57条、地公企法第39条第１項、地公労法附則第５項）

1 **誤り**。審査請求は、人事委員会又は公平委員会に対してのみ行うことができる。また、条件付採用期間中の職員には、審査請求制度の適用はない。

2 **誤り**。審査請求とは、任命権者から、懲戒その他その意に反すると認める不利益な処分を受けた職員が、人事委員会又は公平委員会に対して行うものである。また、臨時的任用職員は、審査請求を行うことができない。

3 **誤り**。審査請求は、人事委員会又は公平委員会に行うものである。また職員団体は、審査請求を行うことはできない。

4 **誤り**。任命権者は、人事委員会又は公平委員会の判定について不服があっても出訴できない（行実昭27.１.９、No.119の解説参照）。

5 **正しい**。処分の修正または取消しの判定が行われたときは、その判定は形成的効力を有し、任命権者のなんらの処分を待つことなく判定に従った効力が生じる（行実昭27.９.20、No.117の解説参照）。

正答　5

不利益処分に関する審査請求②

No.114　地方公務員法に規定する勤務条件に関する措置の要求又は不利益処分に関する審査請求に関する記述として、妥当なのはどれか。　**(特別区管理職試験改題)**

1　職員は、勤務条件に関し、人事委員会に対して、地方公共団体の当局により適当な措置が執られるべきことを要求することができ、この勤務条件に関する措置の要求は、職員団体も行うことができる。

2　任命権者の行う人事評価は、職員の任用、給与等に影響し、勤務条件に直接的に関係するため、人事評価制度自体を勤務条件に関する措置の要求の対象とすることができる。

3　職員がした申請に対する不作為については、その意に反する不利益な処分を受けたものとし、人事委員会に対して、不利益処分に関する審査請求をすることができる。

4　人事委員会は、不利益処分に関する審査請求を受理したときは、必ず口頭審理によりその事案の審査を行わなければならず、この口頭審理は、請求があった場合には、公開して行わなければならない。

5　不利益処分に関する審査請求による審査を請求した職員が、退職した場合においても、その退職によって請求の利益が失われることがないものについては、人事委員会は、当該請求に係る審査を行わなければならない。

Key Point

審査請求の対象となる処分について、地公法第49条の２第２項が規定する内容や行政実例等を押さえておくこと。

審査請求の対象となるのは、懲戒その他職員の意に反する不利益な処分に限られ、**不利益処分以外の処分や職員のした申請に対する不作為は、対象とならない**（地公法第49条の２第１項、第２項）。

不利益処分とは、懲戒処分（免職、停職、減給及び戒告）のほか、分限処分（免職、休職、降任及び降給）も、これに含まれる。

行政実例において、**審査請求のできない例は**、下記のとおり。

① 昇給発令が職員の意に満たないものであった場合でも、その昇給自体は職員に不利益を与えているものではなく、また、昇給が行われなかった場合は、具体的処分があったとはいえないので、いずれも不服申立ての対象とはならない（行実昭29.7.19）。

② 勤勉手当の減額または給与の減額は不利益処分に該当せず、勤務条件の措置要求の対象であるとされている（行実昭38.10.24）。

福祉及び利益の保護

1　**誤り**。職員団体はできず、職員のみ（行実昭26.11.21）。

2　**誤り**。前半は正しいが、人事評価制度は勤務条件ではないので、できない（行実昭33.5.8）。

3　**誤り**（地公法第49条の２第２項）。

4　**誤り**（地公法第50条）。

5　**正しい**。たとえば、懲戒処分の取消などが該当する（行実昭37.2.6）。

正答　5

不利益処分に関する審査請求③

No.115　地方公務員法に定める不利益処分に関する審査請求についての記述として妥当なのは、次のどれか。

（東京都主任試験出題）

1　審査請求の審査機関は、事案の審査にあたっては、審査の公平性を確保するため必ず口頭審理を行わなければならない。

2　審査請求の審査機関は、処分の取消しの裁定をした場合は、任命権者に対して当該処分の承認、修正又は取消しの勧告を行わなければならない。

3　職員は、条件付採用期間中であっても不利益処分に関する審査請求を行うことができるが、単純労務職員においては、これを行うことができない。

4　職員は、不利益処分を受けた場合、処分があった日の翌日から起算して１年を経過したときは、審査請求を行うことはできない。

5　職員は、免職処分を受けた場合、現に職員でないことから当該処分に関する審査請求を行うことができない。

Key Point

不服申立期間については、地公法第49条の３の規定をしっかり把握しておくこと。行政不服審査法に定められた審査請求期間と同一である。

不利益処分に関する審査請求は、**処分があったことを知った日の翌日から起算し３か月以内**にしなければならず、処分があった日の翌日から起算して１年を経過したときは、することができない（地公法第49条の３）。審査請求期間そのものは行政不服審査法と一致する（行服法第18条第１項、第２項参照）。

なお、「**処分があったことを知った日**」とは、職員に処分が通知された日であり、分限処分や懲戒処分の場合には、通常は当該辞令が交付された日である。その他の不利益処分、例えば、平等取扱いの原則（地公法第13条参照）に反する身分取扱いの場合には、それを知った日である。

1　**誤り**。口頭審理は、不利益処分を受けた職員からの請求があったとき行われる（地公法第50条第１項、No.116の解説参照）。

2　**誤り**。人事委員会又は公平委員会が処分の取消しの裁定をした場合は、任命権者に対して、その職員が処分によって受けた不当な取扱いを是正するための指示をしなければならない（地公法50条第３項、No.114の解説参照）。

3　**誤り**。条件付採用期間中の職員は、審査請求の規定が除外される（地公法第29条の２、No.113の解説参照）。

4　**正しい**（地公法第49条の３）。

5　**誤り**。審査請求をできる職員の中には、退職処分に関する限り、退職者も含まれる（行実昭26.11.27、No.113の解説参照）。

正答　4

不利益処分に関する審査請求④

No.116　地方公務員法に定める不利益処分に対する審査請求に関する記述として、妥当なのはどれか。　**（東京都管理職試験改題）**

1　任命権者は、不利益処分を行う際には、その職員に対し処分の事由を記載した説明書を交付しなければならないとされ、その説明書の交付がない場合は、処分に効力はなく、当該職員は審査請求をすることができない。

2　不利益処分を受けた職員は、人事委員会又は公平委員会に対してのみ審査請求をすることができ、この不服申立てのできる職員には、地方公営企業の職員及び単純労務職員は含まれない。

3　審査請求は、処分があったことを知った日の翌日から起算して90日以内にしなければならず、処分があった日の翌日から起算して６か月を経過したときは、審査請求をすることができない。

4　審査請求の審理は、原則として書面審理とされるが、処分を受けた職員から口頭審理の請求があったときは、審査機関は必ず口頭審理を公開して行わなければならない。

5　不利益処分に対する無効確認の訴えは、当該処分に対する審査請求を行い、それに対する審査機関の裁決を経た後でなければ、提起することはできない。

Key Point

審査請求の審査の方法について、地公法第50条第１項の内容を押さえておくこと。審査請求からの出題は、条文を押さえておくことで選択肢を絞ることができる。

任命権者は、職員に対して不利益処分を行う場合、処分の事由を記載した説明書をその職員に対して交付しなければならない。また、職員は不利益処分を受けたと思うときは、任命権者に対して処分の事由を記載した説明書の交付を請求できる。

この説明書には、当該処分につき、人事委員会又は公平委員会に対して審査請求をすることができる旨及び審査請求をすることができる期間を記載しなければならない（地公法第49条）。

人事委員会又は公平委員会が審査請求を審査する方法は、**原則として自由であり、書面審理若しくは口頭審理又は両者を併用することもできる**。いずれの場合も職権審理主義（人事委員会及び公平委員会が、自らの自主的な権限と責任で判断を行うこと）に基づき審査を行う。

しかし、**処分を受けた職員から口頭審理の請求があったとき**は、必ず口頭審理を行わなければならず、また、口頭審理について職員から公開して行うべき旨の請求があったときは、必ず公開して行われなければならない（地公法第50条第１項）。

1　**誤り**。説明書の交付は必要だが、なくても処分は有効（行実昭39.4.15）。

2　**正しい**（地公法第49条の２第１項、地公企法第39条第１項）。

3　**誤り**。90日、６か月ではなく、各々、３か月、１年（地公法第49条の３）。

4　**誤り**。上記解説のとおり。

5　**誤り**。不利益処分の取消訴訟の場合は審査請求前置（地公法第51条の２）だが、無効確認の場合は適用されない。

正答　2

不利益処分に関する審査請求⑤

No.117　地方公務員法に定める不利益処分に対する審査請求に関する記述として妥当なのは、次のどれか。

（東京都管理職試験改題）

1　職員は、人事委員会又は公平委員会に対して不利益処分について審査請求をすることができ、この職員には条件付採用職員は含まれるが、退職した職員は含まれない。

2　不利益処分が同時に不当労働行為に該当する場合には、地方公営企業職員は、人事委員会又は公平委員会に対し審査請求をするか、地方労働委員会に対し救済申立てを行うかのいずれかを選択することができる。

3　審査請求に関する最高裁判所の判例では、昇給延伸について、公務員の給与制度上定期昇給が現実に営む機能に鑑み、合理的理由なく昇給を拒否されない利益を職員に認め、昇給させないという不作為が不利益処分となるとしている。

4　不利益処分に対する争訟は不服申立前置主義がとられているが、不利益処分に対する審査請求をした日から３か月を経過しても判定がないときは、職員は、裁決をまたずに、処分の取消しの訴えを提起することができる。

5　人事委員会又は公平委員会が、審査請求の事案について、審査の結果に基づいて、任命権者が行った免職処分を停職処分に修正する判定を下したときは、任命権者は、その判定に従い、新たに停職処分を行わなければならない。

Key Point

審査の結果、人事委員会又は公平委員会が執るべき措置について、地公法第50条第３項の条文を理解すると同時に、その効果についても押さえておくこと。

人事委員会又は公平委員会は、審査を終了したときは、その結果に基づいて、不利益処分を承認し、修正し、又は取り消し、また必要があるときは、任命権者に給与その他の給付の回復等の適切な措置を講じるよう指示をしなければならない（地公法第50条第３項）。

処分の修正または取消しの判定が行われたときは、その判定は形成的効力を有し、任命権者のなんらの処分を待つことなく判定に従った効力を生ずる（行実昭27.９.20）。たとえば、免職処分が取り消されたときは、その判定により被処分者は処分の時に遡ってその身分を回復し、地方公共団体は原則としてその間の給与を支給しなければならない（行実昭28.８.15）。

福祉及び利益の保護

1　**誤り**。条件付採用期間中の職員は、審査請求に関する規定の適用を受けない。退職した職員については、退職処分に関する限り、審査請求を行うことができる（行実昭26.11.27、No.113の解説参照）。

2　**誤り**。地方公営企業職員には審査請求の規定は適用されない（No.113の解説参照）。

3　**誤り**。昇給が行われなかった場合は、具体的処分があったとはいえないので、審査請求の対象とはならない（行実昭29.７.19、No.114の解説参照）。

4　**正しい**。No.118の解説参照。

5　**誤り**。上記の解説のとおり、処分の修正または判定が行われたときは、その判定は形成的効力を有し、任命権者のなんらの処分を待つことなく判定に従った効力を生ずる（行実昭27.９.20）。

正答　4

不利益処分に関する審査請求⑥

No.118　地方公務員法に定める不利益処分に関する審査請求についての記述として妥当なのは、次のどれか。

（東京都管理職試験改題）

1　地方公務員法に定める不利益処分に関する審査請求制度は、行政不服審査法に定める行政処分に対する不服申立制度の一環として体系づけられ、処分庁又は上級行政庁に対して不服申立てを行う制度である。

2　条件付採用期間中の職員及び臨時的任用職員は、一定の不利益な処分を受けた場合に審査請求をすることができるが、地方公営企業職員及び単純労務職員にはこの審査請求の制度の適用はない。

3　審査請求の審理は、原則として審査機関による口頭審理によって公開して行わなければならないが、職員からの請求があればこの口頭審理は非公開の場で実施されなければならない。

4　不利益処分に関する無効確認の訴えは、不利益処分に関する取消しの訴えと同様に、まず審査請求を行い、それに対する裁決を経なければ提起することができない。

5　任命権者は、処分についての審査機関の判定を不服として出訴することはできないが、被処分者がその判定を不服として出訴し、これに対する判決に任命権者は不服があれば控訴することが可能である。

Key Point

不利益処分に関する審査請求の制度と行政事件訴訟法との関係について、体系的に整理しておくこと。不服申立前置主義の適否を整理するのがポイント。

不利益処分を受けた職員は、人事委員会又は公平委員会に対して審査請求をし、その裁決又は決定を経た後でなければ、不利益処分の取消しの訴えを提起することができない（地公法第51条の２、不服申立前置主義）。

地公法第51条の２で不服申立前置が必要とされるのは、「取消しの訴え」であり、無効等の確認の訴えまたは不作為の違法確認の訴え（行訴法第３条第４項、第５項）については、不服申立前置の適用はない。

この不服申立前置の原則に対しては、**行政不服審査法に基づき次の場合に例外が認められる**（行訴法第８条第２項）。

① 審査請求があった日から３か月を経過しても裁決がないとき

② 処分、処分の執行または手続の続行により生ずる著しい損害を避けるため緊急の必要があるとき

③ その他裁決を経ないことにつき正当な理由があるとき

1 **誤り**。不利益処分を受けた職員は、人事委員会又は公平委員会に対してのみ審査請求を行うことができる（地公法第49条の２第１項）。

2 **誤り**。条件付採用期間中の職員及び臨時的任用職員についても、審査請求の制度の適用はない（地公法第29条の２第１項）。

3 **誤り**。人事委員会又は公平委員会が審査請求を審査する方法は、原則として自由であるが、審査請求をした職員から請求があれば口頭審理を行い、また、この口頭審理は、請求があれば公開して行わなければならない（地公法第50条第１項、No.116の解説参照）。

4 **誤り**。無効確認の訴えにおいては、取消しの訴えのような審査請求の前置は規定されていない。

5 **正しい**。行実昭27.１.９、No.119の解説参照。

正答　5

不利益処分に関する審査請求⑦

No.119　地方公務員法に定める不利益処分に関する審査請求についての記述として妥当なのは、次のどれか。

（東京都管理職試験改題）

1　職員は、任命権者の作為又は不作為により不利益な取扱いを受けた場合は、審査請求をすることができ、この職員には条件付採用期間中の職員は含まれるが、地方公営企業の職員は含まれない。

2　審査請求の審査は、審理の公正を確保するため、当事者の請求の有無にかかわらず口頭審理により行われなければならず、当事者の一方から請求があった場合、口頭審理は公開して行われなければならない。

3　審査機関は、任命権者の処分を修正する場合、職員の利益を保護するため、原処分より重く修正することはできないが、懲戒処分を分限処分に修正することは、職員の利益を損なうことにはならないので認められている。

4　審査機関による処分の修正又は取消しの判定は、形成的な効力を有し、任命権者の何らの処分を待つことなく、原処分のなされた時点にさかのぼって判定に従った効力が生じる。

5　不利益処分を行った処分庁は、審査機関の判定に不服がある場合、再審を経ずに出訴することができるが、審査請求をした職員は再審を経なければ訴訟を提起することができない。

Key Point

審査請求の判定は、行政機関による行政処分に関する判断であり、審査庁である行政機関の判断を処分庁のそれよりも優越させることによって公正な行政を確保しようとするものである。

人事委員会又は公平委員会の処分の修正の判定又は処分取消しの判定について、これを不服として出訴することができるのは被処分者に限られる。**処分者である任命権者は、これらの判定にいかに不服があったとしても出訴することはできない**（行実昭27.1.9）。このような訴訟は、行政機関相互の争い、すなわち機関訴訟となるが、**機関訴訟は、法律に特別の定めがなければこれを行うことができない**からである（行訴法第42条）。

なお、被処分者が出訴し、これに対する判決について、任命権者に不服があるときは、任命権者が控訴さらに上告を行うことが可能である（行実昭27.1.9）。

1　**誤り**。条件付採用期間中の職員は審査請求を行うことができない（No.113の解説参照）。

2　**誤り**。人事委員会又は公平委員会が審査請求を審査する方法は、原則として自由であるが、審査請求をした職員から請求があれば口頭審理を行い、また、この口頭審理は、請求があれば公開して行わなければならない（地公法第50条第1項、No.116の解説参照）。

3　**誤り**。人事委員会又は公平委員会は、分限処分を懲戒処分に改めることはもちろん、懲戒処分を分限処分に改めることもできない（行実昭27.11.11）。

4　**正しい**。No.117の解説参照。

5　**誤り**。上記解説のとおり、任命権者その他地方公共団体の機関は、人事委員会又は公平委員会の判定について不服があっても、出訴できない。また、判定に不服がある職員は再審を経ずに出訴できる。

正答　4

不利益処分に関する審査請求⑧

No.120　地方公務員法に規定する不利益処分に関する審査請求に関する記述として妥当なのは、次のどれか。

（特別区管理職試験改題）

1　不利益処分とは、任命権者が不利益処分と認める処分のみをいうのではなく、職員が不利益処分と思う処分も含まれ、昇給発令が職員の意に満たないものであった場合には、不利益処分の審査の対象となる。
2　不利益処分に対する審査請求の制度は、職員の身分保障の実効を確保するために、行政上の救済手続として設けられたものであり、この制度に基づく審査請求を故意に妨げた者は、罰則が適用される。
3　人事委員会又は公平委員会は、審査請求に対する審査に関する事務のすべてを人事委員会の委員若しくは事務局長又は公平委員会の委員に委任することができる。
4　任命権者が職員に対して行う懲戒その他その意に反すると認める不利益処分を除くほか、職員に対する処分については、審査請求をすることができない。
5　不利益処分を受けた職員は、人事委員会又は公平委員会に対して審査請求をすることができる場合には、その裁決を受けた後でなければ、当該処分の無効等の確認の訴えを提起することができない。

Key Point

審査請求に関連する罰則規定を、勤務条件に関する措置要求との比較において、理解しておくこと。

地方公務員法では、第５章において罰則に関する条文が規定されているが、**審査請求に関連する罰則規定**は次のとおりである。

① 第50条第３項の規定による人事委員会又は公平委員会の指示に故意に従わなかった者は、１年以下の懲役又は50万円以下の罰金（地公法第60条第３号）。

② 人事委員会若しくは公平委員会から証人として喚問を受け、正当な理由がなくてこれに応ぜず、若しくは虚偽の陳述をした者、又は、書類若しくはその写の提出を求められ、正当な理由がなくてこれに応ぜず、若しくは虚偽の事項を記載した書類若しくはその写を提出した者は、３年以下の懲役又は100万円以下の罰金（地公法第61条第１号）。

1 **誤り**。昇給発令が職員の意に満たないものであった場合でも、その昇給自体は職員に不利益を与えているものではなく、具体的処分があったとはいえないので、審査請求の対象とはならない（行実昭29.7.19、No.114の解説参照）。

2 **誤り**。上記解説のとおり。なお、勤務条件に関する措置要求の申出を故意に妨げた者に対しては、罰則規定が適用される（地公法第61条第５号）。

3 **誤り**。人事委員会又は公平委員会が審査請求の審査を行う場合には、最終的な裁決を行うことを除き、人事委員会にあっては委員又は事務局長に、公平委員会にあっては委員に、審査の権限を委任することができる（地公法第50条第２項）。審査に関する事務をすべて委任できるわけではない。

4 **正しい**。地公法第49条の２第２項。No.114の解説参照。

5 **誤り**。不服申立前置主義を採用するのは、処分取消しの訴えのみである。無効等確認の訴えは、不服申立前置主義の適用はなく、訴訟提起は自由である。

正答 4

職員団体①

No.121　地方公務員法に定める職員団体に関する記述として妥当なのは、次のどれか。　**(東京都主任試験出題)**

1　管理職員等の職員は、それ以外の一般職員と一体となって同一の職員団体を組織することができる。

2　職員は、職員団体が組織されている場合には必ず加入しなければならず、加入しない場合は職員団体の承認が必要となる。

3　登録を受けた職員団体は、法人になる旨を人事委員会又は公平委員会に申し出ることによって法人格を得ることができる。

4　登録を受けない職員団体の職員は、任命権者の許可を受けて当該職員団体の業務に役員として専ら従事することができる。

5　職員団体は、当局との交渉の結果、合意に達した事項については、団体協約を締結することができる。

Key Point

職員団体とは、職員が勤務条件の維持改善を図ることを目的として組織し、そのために当局と交渉を行う団体またはその連合体である。

職員団体を組織できる職員は、一般の行政事務に従事する職員、教育職員、単純労務職員（単労職員）及びその条件付採用職員と臨時的任用職員であり、**一般職であっても、警察職員、消防職員及び公営企業職員は含まれない。**

単労職員は、地公法の職員団体に関する規定と地公労法の規定が両方とも適用され、**職員団体、労働組合のどちらでも組織し、加入することができる。**

公営企業職員は、**地方公営企業等の労働関係に関する法律に基づき労働組合を組織できる。**

職員団体の目的には、勤務条件の維持改善以外の社会的目的や文化的目的も含まれ、職員団体が行う福利厚生事業や文化的行事に公費の助成を行うことも可能である（行実昭26.3.13）。なお、政治的目的を従たる目的としても、地公法上の関知するところではない（行実昭26.3.13）。

職員団体に加入しうる非職員については、特に限定はなく、民間企業の勤労者、公営企業職員も加入しうる。ただし、こうした職員団体は登録資格がない。なお、警察職員又は消防職員が非職員として職員団体に加入した場合、それによって職員団体の性格に影響を与えるものではないが、当該警察職員又は消防職員は服務義務違反として懲戒処分の対象となる。

1　**誤り**。同一の職員団体を組織できない（地公法第52条第3項ただし書）。

2　**誤り**。地公法第52条第3項「これに加入し、若しくは加入しないことができる」オープン・ショップ制を採っている。

3　**正しい**。

4　**誤り**。登録を受けた職員団体でなくてはならない（地公法第55条の2第1項ただし書）。

5　**誤り**。職員団体は労働協約を締結することはできない。ただし、書面による協定を結ぶことはできる（地公法第55条第2項）。

正答　3

職員団体②

No.122　地方公務員法に定める職員団体に関する記述として妥当なのは、次のどれか。　**(東京都主任試験出題)**

1　地方公共団体の職員は、任命権者の許可を受けた場合に限り、その地方公共団体において登録を受けた職員団体の役員として専らその業務に従事することができる。

2　地方公共団体の管理職員等は、管理職員等だけで職員団体を組織することはできないが、管理職員等以外の職員とともに同一の職員団体を組織することができる。

3　地方公共団体の当局は、登録を受けた職員団体から適法な交渉の申入れがあっても、その申入れに応ずるべき地位に立つものではない。

4　職員団体の構成員は、必ずその地方公共団体の職員でなければならないが、警察職員と消防職員は職員団体の構成員になることができない。

5　職員団体は、その地方公共団体の当局と、適法な交渉であっても勤務時間内には交渉を行うことができない。

Key Point

職員団体には、労働協約（団体協約）を締結する権利は認められてなく、争議権も否定されている。ただし、書面協定は締結できる。

職員団体の役員は自由に選出でき、職員以外の者が役員になっても登録できる（ＩＬＯ第87号条約）。

役員とは、職員団体において執行権限をもつ機関の構成員及び監督権限をもつ機関の構成員をいう（一般的に執行委員長、副委員長、書記長の三役、執行委員、監事）。

職員団体は、結成、加入、脱退とも全く自由である（オープン・ショップ制）。特に、脱退の自由については、職員団体の規約をもってしても、制約することはできない（行実昭35.12.27）。

管理職員等の範囲は人事委員会規則又は公平委員会規則で定める。

管理職員等と一般職員が同一の団体を組織したときは、地公法上の職員団体として取り扱われない。ただし、役員としてのみ就任することは、当否の問題は別として法律上は可能である。

県の一般職員が市町村に派遣され、当該市町村において管理職員等となったときは、当該県における一般職員の職員団体の構成員としてとどまることはできない（行実昭40.12.27）。

1　**正しい**（地公法第55条の２第１項）。

2　**誤り**。管理職員等も職員団体を組織することができるが、管理職員等以外の職員と同一の職員団体を組織することはできない。もし、そのような職員団体を組織しても、地公法上の職員団体とはなり得ない（地公法第52条第３項ただし書）。

3　**誤り**。適法な活動に係る事項に関して、適法な交渉の申入れがあった場合においては、その申入れに応ずべき地位に立つ。

4　**誤り**。職員以外の者（民間企業の労働者等）が若干加入しても差し支えない。また、警察職員及び消防職員は、職員の勤務条件の維持改善を図ることを目的とし、かつ、地方公共団体の当局と交渉する団体を結成し、又はこれに加入してはならない（地公法第52条第５項）。

5　**誤り**。適法な交渉は勤務時間中においても行うことができる。

正答　1

職員団体③

No.123　地方公務員法に定める職員団体に関する記述として、妥当なのはどれか。　**（東京都管理職試験出題）**

1　職員団体は、職員が勤務条件の維持改善を図ることを目的として組織する団体又は連合体であり、警察職員及び消防職員も職員団体を結成することができる。

2　職員団体の結成に当たっては、各都道府県労働委員会の承認を受け、法人格を取得しなければならない。

3　職員団体は、給与その他の職員の勤務条件に関し、地方公共団体の当局と交渉して、団体協約を締結することができる。

4　職員団体は、同一の地方公共団体の職員で構成されなければならず、これ以外の者が職員団体に加入すること及び職員団体の役員として就任することはできない。

5　職員団体について、管理監督の地位にある職員又は機密の事項に接する監督的地位にある職員などの管理職員等も組織することができるが、管理職員等とこれ以外の職員とが同一の職員団体を組織することはできない。

Key Point

職員団体の登録は、人事委員会又は公平委員会が、当該職員団体が自主的に組織され、民主的に運営されていることを確認し、公証する制度である。

異なる地方公共団体の職員が単一の職員団体を組織することも可能であるが、登録資格がない。

登録を受けることのできる職員団体は、同一の地方公共団体の職員のみで組織されていなければならない。これは、その地方公共団体の職員のみによって組織された職員団体が、当該地方公共団体との間で最も利害関係の深い団体であり、このような団体と交渉を行うことがもっとも効果的だからである。

「職員団体」とは、職員が勤務条件の維持改善のために組織する団体又はその連合体のいずれかを指す。前者を単位職員団体（単組)、後者を連合体である職員団体（連合職組）という。

職員個人が連合団体である職員団体に加入することはできない（行実昭34.9.9）。

なお、職員団体と労働組合の連合体（例えば○○市労連）は、地公法上の職員団体にも労働組合法上の労働組合にも該当せず、事実上の労働団体である。

職員団体

1　**誤り**。警察職員及び消防職員は団体を結成、加入できない（地公法第52条第5項)。

2　**誤り**。承認、法人格取得は不要だが、登録することができ、それにより、法人取得・在籍専従が可能となるほか、当局に交渉応諾義務が生じる（地公法第53条から第55条の2）。

3　**誤り**。団体協約締結の権限はない（地公法第55条第2項)。

4　**誤り**。前半は上記解説のとおり。役員は、登録の有無にかかわらず、職員以外の者が就任可能（地公法第53条第5項)。

5　**正しい**（地公法第52条第3項)。

正答　5

職員団体④

No.124　地方公務員法に定める職員団体に関する記述として妥当なのは、次のどれか。　**（東京都主任試験出題）**

1　職員団体は、勤務条件の維持改善を図ることを目的とした団体又はその連合体であるが、職員団体と労働組合との連合体は職員団体ではない。

2　職員団体に加入していない職員は、給与、勤務時間その他の勤務条件に関し当局に意見を申し出ることが制限される。

3　管理職員等は、管理職員等以外の職員とともに同一の職員団体を組織することができるが、管理職員等だけの職員団体を組織することはできない。

4　職員団体は、職員が主体となって組織されている限り、構成員に若干の公営企業職員や消防職員を加えることができる。

5　職員は、人事委員会又は公平委員会の許可を受けたときに限り、登録を受けた職員団体の業務に役員として専ら従事することができる。

Key Point

職員団体の登録の要件（地公法第53条）

①　規約で一定の事項が定められていること（第２項）

②　重要な事項が民主的手続により決定されていること（第３項）

③　構成員が同一の地方公共団体の職員のみをもって構成されていること（第４項）

登録の効果は次のとおりである。

① 交渉における登録職員団体の優先的地位を確保し、当局との交渉の促進を図るため、適法な交渉の申入れがあった場合は当局に交渉応諾義務が発生する。なお、非登録職員団体との交渉も、当局は恣意的にこれを拒否しないよう努めるべきとされている。

② 職員の身分を保有したまま、職務専念義務を免除してその役員の業務に専従する在籍専従職員設置が許可される。

③ 人事委員会又は公平委員会に申し出ることにより法人格となることができる。これにより、職員団体自身の名義による不動産取得や、契約の締結が可能となり、経済活動の面で有利となる。なお、登録職員団体以外の職員の労働団体も一定の要件の下に、事務所の所在地において登記することにより法人格を取得できる。

1 **正しい**。「労働組合」は、公営企業職員、単純労務職員が結成することができ、地方公営企業労働関係法、労働組合法等により規定されているため、地公法で規定する「職員団体」と体系が異なる。

2 **誤り**。職員団体に加入していない職員も、給与、勤務時間その他の勤務条件に関して当局に不満の表明、意見を申し出ることができる（地公法第55条第11項）。

3 **誤り**（地公法第52条第３項）。

4 **誤り**。若干の公営企業職員は加えても良いが、消防職員は職員団体に加入することはできない（地公法第52条第２項、第５項）。

5 **誤り**。職員団体の人事委員会又は公平委員会への登録により、在籍専従職員が認められるが、在籍専従職員の許可は人事委員会又は公平委員会ではなく、任命権者である（地公法第55条の２第１項）。

正答　1

職員団体の登録

No.125　地方公務員法に定める職員団体の登録に関する記述として妥当なのは、次のどれか。　**（東京都管理職試験出題）**

1　職員団体の登録は、職員団体が地方公共団体に現に在職する職員のみで組織されていることが要件とされ、長から免職された者を当該職員団体の役員としている職員団体の登録は認められない。

2　職員団体の登録は、職員団体がその役員の選任について、構成員の直接かつ秘密の投票により決定していることが要件とされるが、役員の選任を除く規約の決定又は変更について同様の投票によることは、要件とされない。

3　職員団体の登録は、職員団体が自主的かつ民主的に組織されていることを公証する行為であり、人事委員会又は公平委員会が第三者機関としての立場で、これを行うものである。

4　登録を受けた職員団体は、その主たる所在地の法務局で登記することにより初めて法人格を取得することができ、法人格を取得した職員団体は、任命権者の許可を受けた職員を専らその役員としての業務に従事させることができる。

5　登録を受けた職員団体は、登録の要件のいずれかを欠く事実が発生した場合には、自動的に登録の効力が失われるため、地方公共団体の当局と交渉する資格を喪失する。

Key Point

人事委員会又は公平委員会は、登録職員団体が登録要件を欠き、あるいは規約や申請書の変更届を怠るという重大な義務違反が行われ、いずれも補正されない場合、登録の取消しを行わなければならない。この場合、あらかじめ理由を示して聴聞を行わなければならず、職員団体から請求があったときは、審理を公開しなければならない。

　構成員が同一の地方公共団体の職員のみをもって構成されていることの例外として、**次の場合については、登録資格を有する**。

①　分限免職処分又は懲戒免職処分を受けた翌日から起算して1年以内の者又はその処分について係争中の者を構成員としている場合。

②　非職員を、当該職員団体の役員としている場合。ただし、管理職員等が役員と同時に構成員となった場合は、登録を取り消される。また、警察職員及び消防職員が役員及び構成員になることにより、登録資格を失うことはないが、構成員になると懲戒処分の対象となる。

職員団体

1　**誤り**（地公法第53条第4項ただし書）。

2　**誤り**。規約の作成又は変更についても、職員団体の構成員の直接かつ秘密の投票により決定していることが要件とされる（地公法第53条第3項）。

3　**正しい**。

4　**誤り**。登録を受けた職員団体は、法人となる旨を人事委員会又は公平委員会に申し出ることにより、法人となることができる。また、法人格を取得していなくても、登録を受けた職員団体であれば、任命権者の許可を受けて、職員をその団体の役員として専ら従事させることができる（地公法第55条の2第1項ただし書）。

5　**誤り**。登録要件のいずれかを欠く事実が発生した場合でも、自動的に登録の効力が失われるのではなく、人事委員会又は公平委員会が条例で定めるところにより、登録の効力を停止し、又は取り消すことができるとされている（地公法第53条第6項）。

正答　3

交　渉①

No.126　地方公務員法に定める地方公共団体の当局と職員団体との交渉に関する記述として妥当なのは、次のどれか。

（東京都管理職試験出題）

1　地方公共団体の当局は、法令及び条例に抵触しない限りにおいて、職員団体と書面による協定を締結することができ、また職員の社交的又は厚生的活動に関しては団体協約を締結することができる。

2　地方公共団体の当局は、登録職員団体から勤務条件に関して適法な交渉の申入れがあった場合には、その申入れに応ずべき地位に立つが、地方公共団体の事務の管理及び運営に関する事項は、交渉の対象とすることはできない。

3　地方公共団体の当局は、職員団体との交渉に当たり、議題、時間、場所その他の必要な事項について、職員団体との間であらかじめ取決めを行わなければならず、また勤務時間外に交渉を行わなければ適法な交渉とはならない。

4　地方公共団体の当局は、職員が登録職員団体に属していないことを理由に当該職員が勤務条件に関して意見を申し出ることを拒むことができるが、社交的又は厚生的活動に関して職員の不満を聴くことができる。

5　地方公共団体の当局は、登録職員団体との交渉中に、交渉の代表者にいわゆる在籍専従職員以外の者が含まれていること又は職員団体の登録に瑕疵があることが明らかになったときは、直ちに交渉を打ち切らなければならない。

Key Point

職員団体との交渉事項は、「職員の給与、勤務時間その他の勤務条件に関し、及びこれに附帯して、社交的又は厚生的活動を含む適法な活動に係る事項」である（地公法第55条第１項）。

勤務条件とは、職員が自己の勤務を提供し、またはその提供を継続するかどうかの決心をするにあたり一般的に当然考慮の対象となるべき利害関係事項である。

法令、条例、地方公共団体の規則等に抵触する書面協定は無効である。

書面協定は、当該地方公共団体の当局と職員団体の双方において誠意と責任をもって履行しなければならない。このことは、口頭の約束である場合も同様である。

当局と職員の**労働組合**とが団体交渉を行った結果、合意に達したときは労働協約（団体協約）を締結することができる。

1　**誤り**。職員団体は、地方公共団体の当局との間では一切の事項に関して団体協約を締結することはできないが、法令及び条例に抵触しない限り書面協定を締結することはできる。

2　**正しい**（地公法第55条第３項）。

3　**誤り**。交渉に当たっては、参加人数、議題、時間、場所その他の必要な事項について、予備交渉においてあらかじめ取り決めておき、これに違反した場合は交渉を打ち切ることができる（地公法第55条第７項）。また、適法な交渉は勤務時間内でも行うことができる。この場合、条例（いわゆる、ながら条例）で定めれば給与も減額されない。

4　**誤り**。職員は、職員団体に属していないという理由で勤務条件に関して不満を表明し、または意見を申し出る自由を否定されない（地公法第55条第11項）。

5　**誤り**。地方公共団体の当局と職員団体との交渉は、予備交渉で取り決めた条件に違反した場合、あるいは地方公共団体の事務の正常な運営を阻害することとなった場合などには、これを打ち切ることができるが、直ちに打ち切らなければならないというものではない。

正答　2

交　渉②

No.127　地方公務員法に定める登録職員団体との地方公共団体の当局との交渉に関する記述として、妥当なのはどれか。

(東京都管理職試験出題)

1　職員団体が人事委員会に役員変更の届出をしたが、その変更登録がなされる前に新役員による交渉の申入れがあった場合は、当局は、その申入れに応ずべき地位に立たない。

2　地方公共団体の事務の管理及び運営に関する事項については、それを処理することによって勤務条件に影響を及ぼす場合であっても、当該影響を受ける勤務条件そのものを取り上げて交渉の対象とすることはできない。

3　職員団体を代表して交渉に当たる者は、職員団体が指名する当該職員団体の役員に限られ、この役員は、役員選挙によって投票者の過半数で選出された者でなければならない。

4　交渉に当たっては、職員団体と当局との間において、議題、時間、場所のほか、交渉に当たる者の員数をあらかじめ取り決める必要があるが、具体的な代表者の氏名については事前に取り決めるべき要件とされていない。

5　職員団体と当局は、交渉の結果合意に達した場合、その合意内容を双方が誠意をもって履行するために、書面による協定を結ばなければならず、口頭で約束しても拘束力は生じない。

Key Point

地方公共団体の管理運営事項は交渉の対象とすることはできない（地公法第55条第３項）。

管理運営事項の例は次のとおりである。

① 地方公共団体の組織に関する事項

② 行政の企画、立案及び執行に関する事項

③ 職員定数及びその配置に関する事項

④ 地方税、使用料、手数料等の賦課徴収に関する事項

⑤ 地方公共団体又はその機関が当事者である審査請求及び訴訟に関する事項

⑥ 財産又は公の施設の取得、管理及び処分に関する事項、予算の編成に関する事項

⑦ 条例の企画、立案及び提案に関する事項、人事評価の評定制度の企画、立案及び実施に関する事項

⑧ 懲戒処分、分限処分、職員の採用、退職、配置換などの任命権の行使に関する事項

⑨ 管理職員等の範囲の決定に関する事項、職務命令に関する事項

1 **誤り**。登録職員団体から適法な交渉申入れがなされた場合は応諾義務がある（地公法第55条第１項）。

2 **誤り**。管理運営事項と密接に関連する場合でも、勤務条件である以上は交渉事項となる（鹿屋郵便局事件昭43.３.21、都教組懲戒処分取消請求事件昭46.10.15）。

3 **誤り**。特別な事情があるときは職員団体は役員以外の者を指名することができる（地公法第55条第６項）。

4 **正しい**。あらかじめ決めておく必要があるのは員数、議題、時間、場所その他必要な事項である（地公法第55条第５項）。

5 **誤り**。書面協定を結ぶことができるが、義務ではない（地公法第55条第９項）。

正答　4

交　渉③

No.128　地方公務員法に規定する職員団体と地方公共団体の当局との交渉に関する記述として、妥当なのはどれか。

(特別区管理職試験出題)

1　職員団体と地方公共団体の当局との交渉は、人事委員会又は公平委員会の登録を受けた職員団体との適法な交渉であっても、勤務時間中においては行うことはできない。

2　職員団体と地方公共団体の当局との交渉に当たっては、職員団体と当局の間において、議題、時間、場所についてあらかじめ取り決める必要があるが、交渉に当たる者の員数についてはあらかじめ取り決める必要はない。

3　職員団体と地方公共団体の当局との交渉が、他の職員の職務の遂行を妨げることとなったときは、あらかじめ取り決めた時間内であっても、当局は交渉を打ち切ることができる。

4　職員団体と地方公共団体の当局との交渉の結果、合意に達したときは、当局は、法令、条例、規則及び規程に抵触しない限りにおいて、職員団体と書面による協定を結ばなくてはならない。

5　職員団体と地方公共団体の当局との交渉において、職員団体は、その役員以外の者を、いかなる場合であっても、交渉に当たる者として指名することはできない。

Key Point

管理運営事項の処理の結果、影響を受けることがある勤務条件については、交渉の対象となり得る。また、勤務条件に関する交渉の結果、管理運営事項について当局が措置する場合があり得る。

職員団体の交渉相手は、交渉事項について適法に管理し、又は決定することができる地方公共団体の当局である。

職員団体の交渉の代表者は、(1) 職員団体がその役員の中から指名する者と、(2) 特別の事情があるときに、特定の事項について交渉する適法な委任を、当該職員団体の執行機関から受けた役員以外の者である。

職員団体の役員以外の者を交渉に参加させた場合、地公法第55条第6項によりその者が正当な委任を受けた者である場合以外は、当局は交渉に応ずる義務はない(行実昭38.10.18)。

予備交渉で取り決めなければならないのは、交渉に当たる者の員数、議題、時間、場所及びその他必要な事項である。

予備交渉は必ず行わなければならず、これを経ないでなされた交渉の申入れは、これを拒否しても正当であり、予備交渉で取り決める事項の合意が得られなかった場合も交渉を拒否できる。

職員団体

1 **誤り**。適法な交渉は時間内に可能(地公法第55条第8項)。

2 **誤り**。上記解説のとおり、員数も対象範囲である。

3 **正しい**(地公法第55条第7項)。

4 **誤り**。書面による協定は義務ではない(地公法第55条第9項)。

5 **誤り**。特別の事情がある場合は役員以外を指名可能である(地公法第55条第6項)。

正答 3

在籍専従制度

No.129　地方公務員法に定める職員団体のための職員の行為の制限に関する記述として妥当なのは、次のどれか。

（東京都管理職試験出題）

1　在籍専従の許可を受けた職員は、職員としての身分を保有しないので、在籍専従の期間中に職員に対して行われる昇任試験を受験することはできない。

2　在籍専従の許可を受けた職員は、その許可が効力を有する間、任命権者からいかなる給与も支給されず、その期間は、退職手当の算定基礎となる勤続期間に算入されない。

3　任命権者は、在籍専従の職員に対して、職員としての在職期間を通じて10年を超えない範囲内であれば、在籍専従の許可の更新を拒んではならない。

4　任命権者は、職員の労働基本権を保障するため、登録を受けていない職員団体の役員として専ら活動する職員に対しても、その職員から申請があれば、在籍専従の許可を与えなければならない。

5　任命権者は、在籍専従の職員以外の職員が、給与を受けながら職員団体のために活動することは、いかなる場合も認めることはできない。

Key Point

在籍専従とは、職員が職員としての身分を保有しながら、職務に専念することなく、専ら職員団体の役員として従事することをいう。

在籍専従の許可を得ると、職務専念義務が免除され、休職者として取り扱われる。また、いかなる給与も支給されず、在籍専従の期間は、退職手当の算定基礎となる勤続期間に算入されない。

在籍専従が認められる条件は次のとおりである。

① 登録団体に対するものであること。

② 役員となる場合であること。

③ 登録職員団体の業務に専ら従事するものであること。

登録を受けた職員団体の専従職員が、上部団体の役員を兼ねるのはさしつかえないが、上部団体の役員の業務に専念する結果、登録職員団体の役員の業務に専念できなくなったときは、在籍専従の許可を取り消さなければならない。

④ 任命権者の許可を受けること。

在籍専従の許可は、任命権者の自由裁量処分であるが、**職員団体の運営に干渉する意図をもって許可、不許可を行うことは裁量権の濫用**である（大阪地判平4.10.2）。

任命権者が許可を与える場合、しいて発令形式を要するものではないとされる（行実昭26.5.1）。

職員団体

1 **誤り**。在籍専従の許可を受けた職員は、職員としての身分を保有する。

2 **正しい**（地公法第55条の2第5項）。

3 **誤り**。在籍専従の期間は職員としての在職期間を通じて7年以下の範囲内で人事委員会規則又は公平委員会規則で定める期間である（地公法附則第20項）。職員としての期間は、異なる地方公共団体であれ、あるいは職員団体と労働組合のものであれ、これを合算して7年を超えることができない。

4 **誤り**。在籍専従の許可は、登録を受けた職員団体の役員のみである（地公法第55条の2第1項）。

5 **誤り**。職員は、条例で定めれば、給与を受けながら、職員団体のためその業務を行い、又活動することができる（地公法第55条の2第6項）。

正答 2

罰　則

No.130　次のＡ～Ｅのうち、地方公務員法の罰則の適用があるものの組合わせとして、妥当なのはどれか。**（東京都管理職試験改題）**

Ａ　職員が、政府を暴力で破壊することを主張する団体を結成した場合

Ｂ　職員が、職務としての自動車運転中に道路交通法令に違反した場合

Ｃ　職員が、職員の争議行為を共謀するとともにそそのかした場合

Ｄ　職員が、任命権者の許可を受けないで自ら営利企業を営んだ場合

Ｅ　職員であった者が、退職後２年間、在籍していた地方公共団体の職員に対し、退職前５年間の職務に関し、職務上の不正な行為をするよう、要求した場合

1　Ａ、Ｃ
2　Ａ、Ｄ
3　Ｂ、Ｄ
4　Ｂ、Ｅ
5　Ｃ、Ｅ

Key Point

平成26年の地方公務員法改正により、罰則に関する規定が追加されているので、注意すること。

地方公務員に適用する罰則に関する規定は、地公法第60条から第65条で規定されている。なお、平成26年の地方公務員法改正により、退職管理に関する規制等に違反した場合の罰則が設けられることとなったほか、罰金の額も見直された。

罰則

A　欠格条項に該当。

B　懲戒処分の対象。

C　職員の争議行為等の遂行を共謀し、そそのかし、もしくはあおり、又はこれらの行為を企てた者は、３年以下の懲役又は100万円以下の罰金に処する（地公法第61条４号）。

D　懲戒処分の対象。

E　離職後２年を経過するまでの間に、離職前５年間に在職していた地方公共団体の執行機関の組織等に属する役職員等に対し、契約等事務であって離職前５年間の職務に属するものに関し、職務上不正な行為をするように、又は相当の行為をしないように要求し、又は依頼した再就職者は、１年以下の懲役又は50万円以下の罰金に処する（地公法第60条第４号）。

正答　5

公民権行使の保障

No.131　労働基準法に定める公民権行使の保障に関する記述として、妥当なのはどれか。　**（東京都管理職試験出題）**

1　使用者は、労働者が労働時間中における公民権の行使のために必要な時間を請求したときは、これを拒んではならず、労働者の権利の行使を妨げない場合でも、請求された時刻を変更することはできない。

2　使用者は、労働者に労働時間中における公民権の行使又は公の職務の執行に必要な時間を与えた場合、その時間に対応する賃金については、有給としなければならないことが法定されている。

3　使用者が労働者に保障すべき公民としての権利とは、選挙権をはじめとする国又は地方公共団体の公務に参加する権利をいい、被選挙権もこれに含まれるが、訴権の行使は含まれないと解されている。

4　公の職務は、法令に基づく公の職務のすべてを含むものではないが、公務の公正妥当な執行を図る職務であれば、単純な労務の提供を主たる目的とする職務であっても、公の職務と解されている。

5　最高裁判所は、労働者が使用者の承認を得ないで公職に就任し、その就任が会社業務の遂行を著しく阻害するおそれがあるときは、使用者は当該労働者を懲戒解雇に付することが許容されると判示した。

Key Point

公民権の行使を行った場合の給与の取扱いについては、法律の規定はない。労使間の協議に任せられている。

使用者は、労働者が労働時間中に、選挙権その他公民としての権利を行使し、又は公の職務を執行するために必要な時間を請求した場合においては、拒んではならない。但し、権利の行使又は公の職務の執行に妨げがない限り、**請求された時刻を変更することができる（労基法第７条）**。

公民としての権利とは、公職の選挙権・被選挙権、最高裁判所裁判官の国民審査、住民投票、憲法改正の国民投票等を指す。

訴権の行使は、一般的には該当しないが、行政事件訴訟法の民衆訴訟、公職選挙法の選挙人名簿に関する訴訟などは該当する。

また、公の職務とは、国会、地方議会等の議員、労働委員会委員、裁判所への証人出廷などを指す。

総則

1　**誤り**。上記解説のとおり、前半は正しいが後半は誤り。

2　**誤り**。労基法上は、有給、無給の定めはない。

3　**正しい**。上記解説のとおり。

4　**誤り**。上記解説のほか、各種審議会の委員、裁判員などがあるが、単に労務を提供するのみの予備自衛官の防衛または訓練招集や非常勤の消防団員の訓練などは含まれない。

5　**誤り**。会社業務に著しく阻害のおそれがある場合は普通解雇がありうるとした（最判昭38.6.21）。

正答　3

平均賃金

No.132　労働基準法に定める平均賃金に関する記述として妥当なのは、次のどれか。　**(東京都管理職試験出題)**

1　平均賃金は、原則として、平均賃金の算定事由が発生した日以前の3か月間に支払われた賃金総額を、その期間の総日数で除した金額のことをいう。

2　平均賃金は、労働者の生活を保障するための諸手当を算定する尺度として用いられるが、減給の制裁を行う場合の金額の尺度としては用いられない。

3　平均賃金の算定の対象となる賃金総額には、実態に即した賃金を算定する必要から、業務上の負傷又は疾病による療養の期間中の賃金も含まれる。

4　平均賃金の算定の対象となる賃金総額には、臨時に支払われた賃金は含まれるが、通貨以外のもので支払われた賃金は含まれない。

5　平均賃金の算定の対象となる期間の総日数には、正確な賃金単価を算定する必要から、暦による日数ではなく実稼働日数が用いられる。

Key Point

平均賃金は、①即時解雇における解雇予告手当の支払の場合、②休業手当の支払の場合、③年次有給休暇における賃金支払い、④業務上の災害による補償の場合、⑤減給の制裁の場合、に計算する。

 **「平均賃金」とは、原則として、平均賃金を算定しなければならない事由の発生した日以前3か月間に支払われた賃金の総額を、3か月間の総日数で除した金額**をいう（労基法第12条）。

「**総日数**」とは、暦日数を指し、実稼働日数を指すものではない。なお、例外として「総日数」から次の期間は除外される。

① 業務上の傷病の療養のために休業した期間
② 産前産後の女性が法の規定により休業した期間
③ 使用者の責に帰すべき事由によって休業した期間
④ 育児休業、介護休業の期間
⑤ 試用期間

「**賃金の総額**」は、未払いとなっている賃金を含めた全ての賃金を含むものである。なお、「賃金の総額」から次の賃金が控除される。

① 臨時に支払われた賃金（臨時突発的な事由に基づいて支払われた賃金、結婚手当、私傷病手当、加療見舞金、退職金等）
② 3か月を超える期間ごとに支払われる賃金（ボーナス等）
③ 通貨以外のもので支払われた賃金で一定の範囲に属しないもの（法令又は労働協約の定めに基づく以外の実物給与）

1 **正しい**。
2 **誤り**。平均賃金は、解雇予告手当、休業手当、年休の賃金、災害補償、減給の程度を算定する際の基準として用いられる。
3 **誤り**。業務上の負傷・疾病による療養のための休業期間は、平均賃金の算定期間からは除かれる。
4 **誤り**。賃金総額には、算定期間中に支払われる賃金すべてが含まれるが、(1) 臨時に支払われた賃金、(2) 3か月を超える期間ごとに支払われる賃金、(3) 法令又は労働協約の定めに基づいて支払われる以外の実物給与、については除外される。
5 **誤り**。平均賃金の算定期間の総日数は、暦日数である。

正答　1

総則

労働契約①

No.133　労働基準法に定める労働契約に関する記述として妥当なのは、次のどれか。　**（東京都管理職試験改題）**

1　労働契約では、例外を除き、契約期間が３年を超える契約を締結することは禁止されており、違反すると契約の当事者双方が処罰される。

2　労働契約では、契約期間を３年以内とする契約を締結することは、原則として法違反として禁止されるが、その契約は、契約期間が３年に延長されたうえで有効とされる。

3　労働契約では、３年経過後は労働者の側からいつでも解除できる旨の特約を有する契約であれば、その契約期間を５年と定めても許される。

4　労働契約では、一定の事業の完了に必要がある場合には、その契約期間を４年と定めることができる。

5　労働契約では、契約期間の定めのない契約を締結することは禁止されており、労働者の側からいつでもその契約を解除することができる。

Key Point

労基法で定める基準に達しない労働条件を定める労働契約は、その部分については無効となり、労基法で定める基準による（労基法第13条）。

解説　労働契約は、**期間の定めのないものを除き**、一定の事業の完了に必要な期間を定めるもののほかは、**3年を超える期間について締結してはならない（労基法第14条）**。

次のいずれかに該当する場合は、**例外**として、**5年以内**の契約が認められる。

①　高度の専門的な知識、技術又は経験を有する者との契約

・博士の学位を有する者

・公認会計士、医師、歯科医師、獣医師、弁護士、一級建築士、税理士、薬剤師、社会保険労務士、不動産鑑定士、技術士又は弁理士

・システムアナリスト試験又はアクチュアリー試験合格者　など

②　満60歳以上の労働者との契約

また、有期労働契約の締結時や期間満了時におけるトラブルを防止するため、使用者が講ずるべき措置について、厚生労働大臣が基準を定めることができることとされた（労基法第14条第2項）

③　契約の更新

契約期間の満了時に、労使双方に異議がなく引き続いて労働者が勤務した時は、従前と同一の条件で期間の定めのない契約がなされたとみなされる（民法第629条）。契約の更新とみなされる。

1　**誤り**。労基法第14条に違反する契約をした場合、30万円以下の罰金に処せられる（労基法第120条）。条文は、処罰対象者を明記していないが、労基法第14条の保護法益が労働者の自由にあることから、使用者に対してのみ適用される。

2　**誤り**。労基法第14条により、3年以内であれば良い。

3　**誤り**。5年と定めた労働契約は、労基法第14条に反するため、労基法第13条により、3年の期間を定めた労働契約とされる。

4　**正しい**。事業着手のときからある時期を経過すれば、その事業の完了することが予め分かっている場合、期間を定めた契約をすることができる。

5　**誤り**。期間の定めのない労働契約は禁止されていない。労基法第14条は、期間の定めを長くすることの弊害から、専ら労働者を保護する立場からの規定である。

正答　4

労働契約②

No.134　労働契約に関する記述として妥当なのは、次のどれか。

（東京都管理職試験出題）

1　試用関係の法的性質は、解約権留保付労働契約関係と判断され、試用期間中は、労働契約が成立しているとはみなされないので、使用者は、その裁量により、労働者を解雇することができる。

2　使用者が新たに満60歳以上の者を雇い入れる場合の労働契約の期間の上限は5年まで認められるが、契約期間の満了後、当該契約を更新するときは、労働契約の契約期間の原則どおり、上限は3年間である。

3　期間の定めのない労働契約は、労働者側からは、任意の時に、理由のいかんにかかわらず解約の申入れをすることができ、解約の申入れと同時に雇用関係は終了する。

4　使用者は、賃金及び労働時間については、労働契約の締結に際して労働者に明示することが義務づけられており、明示の方法は、書面の交付によるものとされている。

5　派遣労働者に関しては、労働契約は、派遣労働者と派遣元との間で締結するが、派遣労働者の労働条件は、派遣元と派遣先の間で労働者派遣契約に定め、派遣先の事業者が、この労働条件を派遣労働者に明示しなければならない。

Key Point

書面で交付すべき労働条件については、平成11年の通知改正により、大幅に拡充された。

 使用者は、労働契約の締結に際し、労働者に対して賃金、労働時間その他の**労働条件を明示**しなければならない（労基法第15条第1項前段）。

次の5つに関する事項は書面の交付によらなくてはならない（労基法施行規則第5条第3項）。

① 労働契約の期間、期間の定めのある労働契約を更新する場合はその基準
② 就業の場所及び従事する業務
③ 始業及び終業の時刻、所定時間外労働の有無、休憩時間、休日、休暇並びに就業時転換
④ 賃金
⑤ 退職

それ以外の労働条件については書面でも口頭でも良い。

明示された労働条件が事実と相違する場合には、労働者は労働契約を即時解除することができる。また、就業のために住居を変更した労働者が契約解除から14日以内に帰郷する場合、使用者は旅費を負担しなければならない。

1 **誤り**。解約権留保付労働契約として、労働契約は成立している（最判昭48.12.12）。
2 **誤り**。労基法14条第1項第2号で認められる満60歳以上の労働者との5年以内の有期労働契約は、新規契約に限定されないため、更新時も5年までの有期契約が可能。
3 **誤り**。理由を問わず、いつでも解約の申入れができるが、その効果は、申入れから2週間後に生じる（民法第627条第1項）。
4 **正しい**。労基法第15条第1項、労基法施行規則第5条第3項。
5 **誤り**。派遣労働者に関して、労働条件を明示するのは、派遣元の事業者である。

正答　4

労働契約③

No.135　労働基準法に定める労働契約に関する記述として妥当なのは、次のどれか。　**（東京都主任試験出題）**

1　使用者は、労働契約の締結に際し、労働者に対して賃金、労働時間などの労働条件を明示しなければならないが、その労働条件が事実と相反することが判明した場合、労働者は、即時に労働契約を解除することができる。

2　使用者は、労働条件の不履行について違約金を定めることはできないが、損害賠償額を予定する契約をすることができる。

3　使用者は、前借金その他労働することを条件とする前貸の債権と賃金を相殺できる旨を労働契約に定めることができる。

4　使用者は、労働契約に附随して貯蓄の契約をさせ、貯蓄金を管理する契約をしてはならないため、労働者の任意の委託を受けて貯蓄金を管理することも禁止されている。

5　使用者は、労働者を解雇しようとする場合、少なくとも30日前にその予告をしなければならず、天災事変その他やむを得ない事由のために事業の継続が不可能となった場合でも解雇の予告が必要となる。

Key Point

使用者は、労働契約の締結に際し、労働者に対して労働契約の期間、就業場所、従事すべき業務、所定労働時間を超える労働の有無等を明示しなければならない。

使用者は、労働契約の締結（契約を更新する場合も含む。）に際し、労働者に対して賃金、労働時間その他の労働条件を明示しなければならない（労基法第15条）。

労働者に明示すべき事項としては、労働契約の期間、期間の定めのある労働契約を更新する場合はその基準、就業場所、従事すべき業務、始業終業時刻、休憩時間、所定労働時間を超える労働の有無等がある（労基法施行規則第５条第１項）。

明示された労働条件と事実が相違する場合には、労働者は労働契約を即時に解除することができる。また、労働者が就業のために住居を変更しており、契約解除日から14日以内に帰郷する場合は、使用者は必要な旅費を負担しなければならない（労基法第15条）。

なお、使用者が、これらの規定に違反した場合は、30万円以下の罰金に処せられる（労基法第120条第１号）。

1　**正しい**（労基法第15条第２項）。

2　**誤り**。使用者は、労働契約の不履行について違約金を定め、又は損害賠償額を予定する契約をしてはならない（労基法第16条）。

3　**誤り**。使用者は、前借金その他労働することを条件とする前貸の債権と賃金を相殺してはならない（労基法第17条）。

4　**誤り**。使用者は、当該事業場に、労働者の過半数で組織する労働組合があるときはその労働組合等との書面による協定をし、行政官庁に届け出ることで、貯蓄金を委託を受けて管理することができる（労基法第18条第２項）。

5　**誤り**。使用者は、労働者を解雇しようとする場合は、30日前までにその予告をしなければならず、30日前に予告をしない場合は、30日分以上の平均賃金を支払わなければならないが、天災事変その他やむを得ない事由のために事業の継続が不可能となった場合、又は労働者の責に帰すべき事由に基いて解雇する場合は、この限りでない（労基法第20条）。

正答　1

解　雇①

No.136　労働基準法に定める解雇に関する記述として、妥当なのはどれか。　**（東京都管理職試験出題）**

1　使用者の解雇権の行使は、それが客観的に合理的な理由を欠き、社会通念上相当であると認められない場合であっても、解雇自由の原則から権利の濫用とまではいえず、無効とはならない。

2　使用者は、労働者が業務上負傷し、又は疾病にかかり療養のために休業する期間及びその後の30日間においては、いかなる場合であっても解雇することはできない。

3　使用者は、産前産後の女性が法律の規定により休業する期間及びその後の30日間においても、天災事変その他やむを得ない事由のために事業の継続が不可能となった場合には、行政官庁の認定を受ければ解雇することができる。

4　使用者は、労働者を解雇しようとする場合において、原則として30日前に予告しなければならず、その予告をしない場合には、行政官庁の認定を受けた上で、60日分以上の平均賃金を支払わなければ解雇することができない。

5　使用者は、解雇の予告義務規定によらず労働者を解雇することができないが、期間を定めて使用する者については、この規定が適用されないため、契約期間の長さにかかわらず期間途中においていつでも解雇することができる。

Key Point

労基法は、業務上の傷病によって療養のために休業する労働者、産前産後に休業する女性の解雇を制限している。

この場合、解雇予告手当を支払っても解雇することはできないことに注意。

解説　**労基法第19条は次の場合に解雇を制限している。**

①　労働者が業務上負傷し、又は疾病にかかり療養のために休業する期間及びその後30日間

②　産前産後の女性が労基法第65条（産前６週間以内で請求した場合、産後８週間等）により休業する期間及びその後30日間

なお、**この解雇制限には例外がある（労基法第19条第１項ただし書）**。

①　業務上の傷病による療養開始後３年経っても治癒しない場合には、労基法第81条の打切補償（平均賃金の1200日分）を支払えば解雇できる。

②　天災事変その他やむを得ない事由のために事業の継続が不可能となった場合には、所轄労働基準監督署長の認定を受ければ解雇できる。

1　**誤り**。解雇は、客観的に合理的な理由を欠き、社会通念上相当と認められない場合は、無効となる（労働契約法第16条）。

2　**誤り**。上記説明のとおり。

3　**正しい**（労基法第19条）。

4　**誤り**。30日前に予告しない場合は、30日分以上の平均賃金を支払わなければならない（労基法第20条）。

5　**誤り**。期間を定めて使用する者についても、一定期間を超えて引き続き使用された場合、解雇予告制度の適用がある（労基法第21条）。

正答　3

解　雇②

No.137　労働基準法に定める解雇に関する記述として妥当なのは、次のどれか。　**（東京都管理職試験出題）**

1　使用者は、労働者を解雇しようとする場合、原則として60日前に解雇の予告をしなければならず、その予告をしない使用者は、60日分以上の平均賃金を当該労働者に支払わなければならない。

2　使用者は、日々雇い入れられる者を解雇しようとする場合、その者の引き続き使用されている期間が３か月以内であれば、解雇の予告をすることなく解雇することができる。

3　使用者は、産前産後の女性が法の規定により休業している期間及びその後の30日間であっても、その女性労働者の責に帰すべき事由に基づく場合は、解雇することができる。

4　使用者は、労働者が業務上負傷し、又は疾病にかかり療養のために休業する期間及びその後の30日間であっても、法の規定によって打切補償を支払う場合は、当該労働者を解雇することができる。

5　使用者は、天災事変その他やむを得ない事由のために事業の継続が不可能な場合には、労働基準監督署の認定を受けることなく、労働者を即時に解雇することができる。

Key Point

日雇い労働者は１か月、試用期間中の者は14日間を超えて引き続き雇用される場合には、これらの者にも解雇予告又は解雇予告手当の支払が必要となる。

解説 使用者が労働者を解雇しようとする場合には、少なくとも**30日前に解雇の予告**をしなければならない（労基法第20条）。予告をしない場合は、予告に代えて**30日分以上の平均賃金**を支払わなければならない。また、予告と平均賃金の支払を併用（日数換算）することも可能である。

(1) 天災事変その他やむを得ない事由のために事業の継続が不可能となった場合、(2) 労働者の責に帰すべき事由に基づいて解雇する場合には、所轄労働基準監督署長の認定を受ければ、予告手当の支払をせずに**即時解雇が例外的に認められる**。

解雇予告の規定（労基法第20条）は、以下の者には原則として適用しないが、一定期間（下表右欄）を超えて引き続き使用された場合には適用となり、解雇予告又は予告手当の支払いが必要とされる（**労基法第21条**）。

日々雇い入れられる者	1か月
2か月以内の期間を定めて使用される者	所定の期間
季節的業務に4か月以内の期間を定めて使用される者	所定の期間
試の使用期間中の者	14日間

1　**誤り**。30日前に解雇予告をしなければならず、予告をしない場合には、30日分以上の平均賃金を支払う。

2　**誤り**。日々雇い入れられる者についても、1か月を超えて引き続き使用されるに至った場合には、解雇予告が必要である。

3　**誤り**。産前産後の女性が法の規定により休業している期間及びその後の30日間については、労働者の責に帰すべき事由であっても解雇することはできない。

4　**正しい**。

5　**誤り**。やむを得ない事由について労働基準監督署長の認定が必要である。

正答　4

賃　金①

No.138　労働基準法に定める賃金に関する記述として、妥当なのはどれか。　**（東京都管理職試験出題）**

1　賃金は、労働の対償として支払われるものであるが、退職金も、就業規則にその支給基準が明確に定められ、使用者が支払義務を負うものであれば、賃金に当たるものとされる。

2　賃金は、直接労働者に支払われなければならないが、労働者が未成年者の場合は、親権者が未成年者に代わって賃金を受け取ることができるとされる。

3　賃金は、毎月１回以上、一定の期日を定めて支払わなければならず、「毎月第２水曜日」という支払日の定め方をすることもできるとされる。

4　最高裁判所は、使用者が労働者の不法行為に基づく損害賠償請求権を労働者の賃金債権と相殺することは、賃金の一部を控除することに該当せず、賃金の全額払いの原則に違反しないと判示した。

5　最高裁判所は、休業手当の支払いについて、使用者の責に帰すべき事由は、使用者の故意、過失又は信義則上これと同視すべき事由に限られ、使用者側に起因する経営、障害は含まれないと判示した。

Key Point

賃金支払いの５原則

①通貨で、②直接労働者に、③全額を、④毎月１回以上、⑤一定期日に、支払わなければならない（労基法第24条）。

① **通貨払いの原則。**通貨以外のものでの支払い可能な例外：(1) 法令に別段の定め、(2) 労働協約に別段の定め、(3) 退職手当について確実な別の支払方法がある場合。

② **直接払いの原則。**労働者の代理人や賃金債権を譲渡された者への支払いは禁止。ただし、単なる使者への支払いは可能。

③ **全額払いの原則。**賃金の一部控除が可能な例外：(1) 法令に定めがある場合（所得税、社会保険料など）、(2) 労働者の過半数を代表する者等との間に締結される書面による協定がある場合。

④ **毎月１回以上、一定期日払いの原則。**臨時に支払われる賃金、賞与は例外となる。

使用者は、労働者又はその収入による生計維持者の**非常の場合**（出産、疾病、災害等）の費用のために請求された場合、支払期日前でも、既往の労働に対する賃金を支払う義務を負う（労基法第25条）。

使用者の責に帰すべき事由による**休業の場合**、使用者は期間中平均賃金の60／100以上の手当を支払う義務を負う（労基法第26条）。

賃金

1　**正しい。**

2　**誤り。**上記解説のとおり。

3　**誤り。**「毎月第２水曜日」は期日とならない。

4　**誤り。**賃金債権に対して不法行為に基づく損害賠償請求権をもって相殺できない（最判昭36.5.31）。

5　**誤り。**民法上の債権者の帰責事由より広く、使用者側に起因する経営、管理上の障害を含むとされている（最判昭62.7.17）。

正答　1

賃　金②

No.139　労働基準法に定める賃金に関する記述として妥当なのは、次のどれか。　**(東京都主任試験出題)**

1　賃金は、通貨で支払われなければならず、通貨以外のもので支払うことが認められているのは、当該事業場の労働者の過半数を代表する者との書面による協定がある場合に限られている。

2　賃金は、直接労働者に支払われなければならず、未成年者も、独立して請求することができ、親権者又は後見人は、未成年者の賃金を代わって受け取ってはならない。

3　賃金は、全額が支払われなければならず、賃金の一部を控除して支払うことが認められているのは、労働協約に別段定めがある場合に限られている。

4　賃金は、毎月1回以上、一定の期日を定めて支払われなければならず、「毎月第三金曜日」という支払期日の定め方をすることもできる。

5　賃金は、支払期日に支払われなければならず、労働者から非常の場合の費用に充てるために既に行われた労働に対する賃金の支払を求められても、支払期日前に支払ってはならない。

Key Point

賃金の支払日は、毎月払の原則又は労働協約に反しない限り、労働協約又は就業規則によって自由に定め、又は変更することができる。

賃金とは、「賃金、給料、手当、賞与その他名称の如何を問わず、労働の対償として使用者が労働者に支払うすべてのもの」（労基法第11条）であり、「通貨で、直接労働者に、毎月一回以上、一定の期日を定めてその全額を支払わなければならない」（労基法第24条）

なお、通貨払の原則の例外として「法令若しくは労働協約に別段の定めがある等の場合」、全額払の原則の例外として「法令に別段の定めがある場合又は当該事業場の労働者の過半数で組織する労働組合等との書面による協定がある場合」、毎月払の原則及び一定期日払の原則の例外として「臨時に支払われる賃金、賞与等の場合」が規定されている（労基法第24条）。

なお、使用者が、これらの規定に違反した場合は、30万円以下の罰金に処せられる（労基法第120条第１号）。

賃金

1　**誤り。**賃金は、通貨で支払わなければならないが、法令若しくは労働協約に別段の定めがある等の場合においては、通貨以外のもので支払うことができる（労基法第24条第１項）。

2　**正しい**（労基法第59条）。

3　**誤り。**賃金は、全額を支払わなければならないが、法令に別段の定めがある場合又は当該事業場の労働者の過半数で組織する労働組合等との書面による協定がある場合は、賃金の一部を控除して支払うことができる（労基法第24条第１項）。

4　**誤り。**賃金は、毎月一回以上、一定の期日を定めて支払わなければならない（労基法第24条第２項）。そのため、「毎月第三金曜日」のように月７日の範囲で変動するような期日の定めをすることは許されない。

5　**誤り。**使用者は、労働者が出産、疾病、災害等の非常の場合の費用に充てるために請求する場合は、支払期日前であっても、既往の労働に対する賃金を支払わなければならない（労基法第25条）。

正答　2

労働時間①

No.140　労働基準法に定める労働時間に関する記述として妥当なのは、次のどれか。　**(東京都管理職試験出題)**

1　労働時間とは、労働者が労働するために使用者の指揮監督の下にある時間をいい、労働時間から休憩時間を除いた時間が拘束時間であるとされる。

2　労働時間とは、就業規則上の始業から終業までの時間をいい、朝礼については、それが使用者の指揮監督下にない場合でも労働時間に含まれるとされる。

3　手待時間は、労働者が使用者の指揮監督の下を離れて作業終了後の後始末を行う時間であり、労働時間には含まれないとされる。

4　手待時間は、労働者が使用者の指揮監督の下にはあるが、作業には従事せずに次の作業のために待機している時間であり、労働時間に含まれるとされる。

5　手待時間は、労働者が使用者の指揮監督の下を離れて自由に利用できる時間であり、労働時間には含まれないとされる。

Key Point

労働時間とは、拘束時間から休憩時間を除いた実働時間のことをいう。使用者の指揮命令に入ってからの時間はすべて労働時間。

使用者は、労働者に、休憩時間を除き１週間について**40時間**を超えて、労働させてはならない。使用者は、１週間の各日については、労働者に、休憩時間を除き１日について**８時間**を超えて労働させてはならない（労基法第32条）。ここでいう**「労働時間」とは、拘束時間から休憩時間を除いた実動時間**のことであるが、使用者の指揮命令に入ってからの時間は全て労働時間として扱うものである。

労基法第34条は、**休憩時間、すなわち、労働から離れることを保障された時間**について、次のように定めている。⑴ 労働時間が６時間を超える場合は45分以上、８時間を超える場合は１時間以上の休憩時間を与えなければならない（第１項）。⑵ 休憩時間は、一斉に与えなければならない。ただし、過半数代表者等との書面協定がある場合は、例外が認められる（第２項）。⑶ 休憩時間は、自由に利用させなければならない（第３項）。自由に利用することが保障されない手待時間は休憩時間ではない。

1　**誤り。**拘束時間とは、基本的には労働時間と休憩時間の合計時間をいう。
2　**誤り。**労働時間とは、労働者が使用者の指揮監督の下にある時間のことであり、拘束時間から休憩時間を除いたものである。使用者の指揮監督下にない場合、労働時間に含まれない。
3　**誤り。**作業終了後の後始末を行う時間は、労働時間に含まれる。
4　**正しい。**
5　**誤り。**休憩時間に関する説明である。

正答　4

労働時間②

No.141　労働基準法に定める労働時間に関する記述として妥当なのは、次のどれか。　**（東京都管理職試験出題）**

1　労働時間とは、労働者が実際に業務に従事する時間であり、使用者は、就業規則に定める始業時刻に労働者を出勤させた場合でも、仕事の都合で始業時刻を１時間繰り下げたときは、当然に終業時刻を１時間繰り下げることが許される。

2　裁量労働に関するみなし労働時間制の適用は、プロデューサー、ディレクター、コピーライター、一級建築士などが行う専門的業務が対象であり、企業のホワイトカラーが行う業務については一切対象外となっている。

3　フレックスタイム制は、始業の時刻又は終業の時刻の一方を労働者の決定に、他方を使用者の決定に委ねるもので、労働者が１日のうちで必ず労働しなければならない時間帯であるコアタイムを必ず設けなければならない。

4　非現業の公務員については、公務のために臨時に必要がある場合には、行政官庁の事前の許可なしに、時間外労働をさせることができるが、この場合は、行政官庁への事後の届出が必要である。

5　使用者が就業規則で定められた所定労働時間を超えて労働をさせる場合、その超える労働時間と所定労働時間の合計が法定労働時間内であれば、三六協定の締結は不要である。

Key Point

平成30年６月29日に、いわゆる「働き方改革関連法」が成立し、労働基準法をはじめとする働き方改革に関係する各種労働関係法令が改正され、労働時間に関する法制は多様化している。最新の情報で整理すること。

「**フレックスタイム制**」（**労基法第32条の3**）とは、一定の期間における総労働時間を定め、労働者はその範囲で各自の始業及び終業の時刻を自分で決定して労働する制度である。要件としては、(1) 始業及び終業の時刻を労働者の決定に委ねることを、就業規則等に規定すること、(2) 労使協定で、対象労働者の範囲、清算期間、総労働時間等を協定することが必要である。

「**専門業務型裁量労働制**」（**労基法第38条の3**）とは、その業務の性質上、その業務遂行方法を大幅に労働者の裁量に委ねることとした制度である。対象業務は、研究開発の業務、情報処理システムの分析・設計業務、記事の取材・編集、プロデューサー等である。労使協定に、該当する業務及びその業務に必要とされる時間を定めた場合、その業務に従事した労働者は、その協定に定めた時間労働したものとみなす。この協定は、所轄労働基準監督署長への届出が義務づけられている。

「**企画業務型裁量労働制**」（**労基法第38条の4**）の対象は、事務運営上の重要な決定が行われる事業場において、事業の運営に関する事項についての企画、立案、調査及び分析の業務である。労使委員会の委員の5分の4以上の多数による議決、所轄労働基準監督署長への届出が必要である。

1　**誤り。**労基法上の労働時間は、労働者が使用者の指揮監督の下に置かれている時間をいい、仕事の都合で待機していた時間も労働時間に含める。よって、当然に繰り下げることは許されない。

2　**誤り。**企画業務型裁量労働制が、平成12年度から施行されている（労基法第38条の4第1項）。

3　**誤り。**フレックスタイム制では、始業及び終業の時刻が労働者の決定に委ねられ（労基法第32条の3）、コアタイムは必ず設けなければならないものでない（労基法施行規則第12条の3）。

4　**誤り。**事後の届出も不要（労基法第33条第3項）。

5　**正しい。**

正答　5

三六協定

No.142　労働基準法に定める、いわゆる三六協定に関する記述として妥当なのは、次のどれか。　**(東京都管理職試験出題)**

1　事業場が複数に及ぶ企業については、三六協定は、個々の事業場を単位として締結する必要はなく、企業全体を一つにまとめて締結することができる。

2　労働組合が二つあり、いずれの組合も事業場の労働者の過半数に達しない場合には、使用者は、労働者をより多く組織している労働組合と三六協定を締結することができる。

3　使用者は、労働組合がない場合には、三六協定を締結することができないので、労働者に対し時間外勤務又は休日勤務を命ずる場合には、個々の労働者の同意を得なければならない。

4　三六協定は、書面によること、さらにこれを行政官庁へ届け出ることが必要であるので、単に協定を締結しただけでは協定の効力は発生しない。

5　三六協定の内容には、延長することができる労働時間については記載しなければならないが、時間外労働をさせる必要のある具体的事由については記載しないこともできる。

Key Point

三六協定は、時間外・休日労働をさせる必要のある具体的事由、業務の種類、労働者の数、延長することができる時間または労働させることができる休日及び有効期間などについて具体的に記載したものでなければならず、また、行政官庁（所轄労働基準監督署長）に届け出ていなければならない。

時間外・休日労働に関する労使の協定（三六協定）が必要なのは、**法定の労働時間を延長する場合、又は、法定の休日に労働させる場合**である。したがって、例えば所定労働時間が７時間である場合に８時間まで労働させる場合や、週２回の休日の定めがある場合において、そのうち１回の休日に労働させる場合は、三六協定の締結・届出は不要である。

三六協定を締結する単位は「事業場」である。「事業場」とは、個々の事業場を指すものであり、**同一経営であっても、本社、工場、作業場等は、それぞれ別個の事業場**となるため、**事業場ごとに三六協定を締結**しなければならない。

使用者は、三六協定を締結した場合は、一定の様式にしたがって所轄労働基準監督署長に届け出なければならない。また、使用者が協定期間の終了後、その協定を更新しようとする場合は、様式による届出は必要でなく、その旨の協定を届け出るだけでよい（労基法施行規則第17条）。

なお、届出の際に、三六協定の協定書そのものを提出する必要はないが、当該協定書は当該事業場に保存しておく必要がある。

1　**誤り**。三六協定は、個々の事業場を単位として締結する必要がある。

2　**誤り**。当該事業場の過半数の労働者で組織する労働組合がない場合は、労働者の過半数を代表する者との協定が必要である。

3　**誤り**。労働者の過半数を代表する者との協定で足りる。

4　**正しい**。

5　**誤り**。三六協定の内容は、労基法施行規則第16条に定める事項を具体的に記載したものであることが必要であり、時間外労働をさせる必要のある具体的事由も記載する必要がある。

正答　4

年次有給休暇①

No.143　労働基準法に定める年次有給休暇に関する記述として、妥当なのはどれか。　**（東京都管理職試験改題）**

1　年次有給休暇の取得要件は、６か月継続勤務し全労働日の８割以上出勤することであり、労働組合の在籍専従期間や長期療養のための休職期間は、継続勤務の期間から除外される。

2　使用者は、労働者の５日を超える部分の年次有給休暇を付与する時季について、当該事業場に労働者の過半数で組織する労働組合がある場合、その労働組合との書面による協定により定めることができる。

3　使用者は、年次有給休暇を取得した労働者に対して、賃金の減額その他不利益な取扱いをすることが禁止されており、違反した場合には罰則が適用される。

4　最高裁判所は、年次有給休暇の権利は、法律上当然に発生する権利ではなく、労働者が年次有給休暇の請求をして初めて生じる権利であると判示した。

5　使用者は、年次有給休暇付与日数が10日以上の労働者に対して、毎年５日分を使用者が取得時季を指定して取得させることができる。

Key Point

年休権は、法定の要件を満たした場合法律上当然に労働者に生ずる権利である。労働者が行う「請求」は、休暇の時季を指定する趣旨であり、使用者は、年休付与が「事業の正常な運営を妨げる場合」に該当しない限り、年休を付与しなければならない。

年次有給休暇制度は、毎年一定期間の休暇を与え、しかもその間平常どおりの賃金を支払うことにより労働者に安心して休養をとらせ、ひいては労働力の維持培養を図ることを目的としているものである。

使用者は、雇入れの日から起算して**6か月間継続勤務し、全労働日の8割以上出勤**した労働者に対して、10労働日の年次有給休暇を与えなければならない（労基法第39条第1項）。

年次有給休暇の権利は、法定の要件を満たした場合法律上当然に労働者に生ずる権利である。「請求」（労基法第39条第4項）とは休暇の時季を指定する趣旨であり、客観的に「事業の正常な運営を妨げる場合」が存在し、かつ、これを理由として使用者が時季変更権を行使しない限り、年次有給休暇は成立する（最判昭48.3.2）。

なお、昭和62年の改正により、年次有給休暇の**計画的付与**制度が導入された。労使協定で具体的な方法を定めた場合には、各労働者の年次有給休暇のうち**5日を超える部分**は、当該協定に基づき計画的付与を行うことができる（労基法第39条第6項）。

また、平成30年の改正により、年次有給休暇付与日数が10日以上の労働者に対して、毎年5日分を使用者が取得時季を指定して取得させることが**義務化**された（労基法第39条第7項、第8項）。

1　**誤り**。休職、組合専従期間も通算される（No.144解説）。

2　**正しい**（労基法第39条第6項）。

3　**誤り**。罰則ではなく、努力義務（労基法第136条）。

4　**誤り**。上記解説のとおり、時季を指定し、使用者が時季変更権を行使しない場合に、法定の要件を満たし、権利が生じる。

5　**誤り**。上記解説のとおり。

正答　2

年次有給休暇②

No.144　労働基準法に定める年次有給休暇に関する記述として妥当なのは、次のどれか。　**(東京都管理職試験出題)**

1　年次有給休暇の発生要件は、一定期間の継続勤務と一定割合以上の出勤であるが、継続勤務とは、事業場における在籍ではなく労働者が実際に事業場に勤務していることであり、病欠期間や休職期間は継続勤務から除外される。

2　年次有給休暇を取得する権利は、法定要件を満たすことで法律上当然に生じ、労働者の時季指定の効果は、使用者の適法な時季変更権の行使を解除条件として発生すると、最高裁判所は判示した。

3　年次有給休暇の際に支払うべき賃金は、労働基準法の定めにより、所定労働時間労働した場合に支払われる通常の賃金とされており、これ以外によることはできない。

4　年次有給休暇期間中に労働者が他の事業場の争議行為へ参加することは、労働者がその属する事業場において一斉休暇をとり職場を離脱するのと同様に、本来の年次有給休暇の権利の行使ではないと、最高裁判所は判示した。

5　年次有給休暇を使用者が買い上げることは、違法とされており、労働者の退職の際に未行使の年次有給休暇について使用者が買い上げたり、何らかの手当を支給することも禁じられている。

Key Point

争議行為の実質を有する一斉休暇闘争は、本来の年休権の行使ではない。一方、他の事業場における争議行為等に参加した場合は、有効な年休である。

年次有給休暇は、雇入れの日から起算して6か月間事業場に継続勤務し、その労働日の8割以上出勤した労働者に与えられる。**「継続勤務」とは、事業場に在籍することをいい、休職期間、長期病欠期間、組合専従期間等も通算**される。

また、出勤日数の計算にあたって、**育児休業期間、介護休業期間、産前産後の休業期間、前年度に年次有給休暇として休んだ期間等は、出勤したものとみなされる**（労基法第39条第10項他）。

有給休暇の際に支払われる**賃金については、就業規則等であらかじめ定めておく**必要があり、平均賃金又は所定労働時間労働した場合に支払われる通常の賃金となる。ただし、労使協定により健康保険標準報酬日額の支払いを定めたときは、これによらなければならない（労基法第39条第9項）。

1　**誤り**。「継続勤務」期間には、病欠期間や休職期間も算入される。

2　**正しい**。No.143の解説参照。

3　**誤り**。所定労働時間労働した場合の通常の賃金のほか、平均賃金とすること、労使協定の定めに基づく場合には健康保険標準報酬日額とすることも可能である。

4　**誤り**。労働者がその所属の事業場において、一斉休暇の名の下にストライキに入った場合は、年次有給休暇ではないが、他の事業場における争議行為等に休暇中の労働者が参加したか否かは、何ら当該年次有給休暇の成否に影響するところはない。年次有給休暇の利用目的は、労基法の関知しないところである（最判昭48.3.2）。

5　**誤り**。労働者が年次有給休暇の行使をせず、その後、時効、退職等の事由で消滅する場合に、残日数に応じて金銭を支給することは、事前の買上げと異なり、労基法第39条に反するものではない。

正答　2

年次有給休暇③

No.145　労働基準法に定める年次有給休暇（年休）に関する記述として妥当なのは、次のどれか。　**（東京都管理職試験出題）**

1　法定内の年休の場合、６か月以上継続勤務した労働者に付与される年休の日数は10日であり、以後勤続年数１年につき１日ずつ付与日数が加算されるため、年休付与日数が20日に達するのは、勤続10年６か月以上の労働者である。

2　最高裁判所は、年休権の法的性質について、労働者の請求に基づき、使用者の承認をまって、労働者の労働義務からの解放という効果を生ずる請求権であるとした。

3　いわゆるパートタイム労働者には、労働時間に応じて通常の労働者の所定労働日数に比例した日数の年休が与えられ、週の労働時間が30時間以上の者については、比例付与ではなく、通常の労働者と同じ日数の年休が与えられる。

4　計画年休は、年休の取得率を高めるために、労使協定により、班別又は個人別に年休の計画付与日を設定する制度であり、事業場全体が休業する一斉付与方式は認められていない。

5　使用者は、労働者が年休を取得したことを理由として、当該労働者に対し、賃金の減額その他不利益な取扱いをすることが禁止されており、違反した場合には罰則が適用される。

Key Point

年休取得を理由とした不利益取扱いをしてはならないが、これは使用者の努力義務を定めたものであり、不利益取扱いの私法上の効果を否定する効力まではない。

平成10年の改正により、平成11年4月からの年次有給休暇の付与日数は、**雇入れ後6か月継続勤務で10日**、1年6か月継続勤務で11日、2年6か月継続勤務で12日、以降継続勤務年数1年毎に2日ずつ加算した日数となり、**最高は20日（継続勤務6年6か月以上）**である（労基法第39条第2項）。

昭和62年の改正により、**所定労働日数の少ない労働者**に対する年次有給休暇について、**比例付与方式**をとることとされた。週所定労働時間数が30時間以上の労働者は比例付与方式の対象としない。週所定労働日数が4日以下又は年間所定労働日数が216日以下の労働者が比例付与方式の対象となり、例えば週所定労働日数4日の労働者は、6か月勤務後7日の年次有給休暇が付与される（労基法第39条第3項、労基法施行規則第24条の3）。

昭和62年の改正により、「使用者は有給休暇を取得した労働者に対して、賃金の減額その他**不利益な取扱いをしないようにしなければならない**」という規定（労基法第136条）が設けられた。

ただし、労基法第136条は、**使用者の努力義務**を定めたものであって、年次有給休暇取得を理由とする不利益取扱いの私法上の効果を否定する効力は持たない。不利益取扱いについては、労働者が失う経済的利益の程度、年次有給休暇取得に対する事実上の抑止力の強弱等諸般の事情を総合して、公序に反して無効となるかどうかを判断すべきであると解されている（最判平5.6.25）。

1　**誤り**。20日に達するのは勤続6年6か月以上の労働者である。

2　**誤り**。年休権は、請求権ではなく、法定要件を満たした場合法律上当然に労働者に生ずる権利である。

3　**正しい**。

4　**誤り**。計画年休は労使協定で具体的な方法を定めるが、班別、個人別に加え、事業場全体の休業による一斉付与も可能である。

5　**誤り**。使用者に対する努力義務規定であり、罰則の適用はない。

正答　3

女　性①

No.146　労働基準法に定める女性に関する記述として妥当なのは、次のどれか。　**(東京都管理職試験改題)**

1　使用者は、妊産婦からの請求があった場合には、変形労働時間制そのものを適用してはならない。

2　女性の時間外労働、休日労働、深夜業に関する規制は廃止されており、妊産婦からの請求があった場合でも、時間外労働、休日労働を命ずることができる。

3　使用者は、女性に対し産前休業を原則として6週間与える義務を負い、女性が出産予定日の4週間前に至った場合には、その者が就業を求めても、就業させてはならない。

4　使用者は、女性に対し産後休業を8週間与える義務を負うが、産後6週間を経過した女性が就業を求めた場合には、その者について医師が支障がないと認めた業務に就業させることは差し支えない。

5　使用者は、生後満1年に達しない生児を育てる1日の労働時間が4時間の女性パートタイマーから育児時間の請求があった場合、1日2回各々少なくとも30分の育児時間を与えなければならない。

Key Point

平成9年の法改正により、平成11年4月1日からは、女性（満18歳以上）の時間外・休日労働及び深夜業に関する規制は廃止され、男性と同様の取扱いをすることとなった。

使用者は**6週間以内に出産する予定の女性**が休業を請求した場合においては、その者を**就業させてはならない（労基法第65条第1項）。産前は女性が休業を請求することが条件**とされている。多胎妊娠（双子以上の妊娠）の場合の産前休業は、14週間である。出産の範囲については、妊娠4か月以上の分娩とし、死産も含むこととなっている。なお、出産当日は産前に入る。また、出産予定が延長することもあるが、その延長した日数も当然休業を請求することができる。

産後は請求の有無にかかわらず、出産日の翌日から**8週間の就業が禁止**される。ただし、**産後6週間を経過**していれば、**医師が支障がないと認める業務**に限っては、その**女性の請求によって就業させても差し支えない（労基法第65条第2項）**。

妊娠中の女性が請求した場合には、他の軽易な業務に転換させなければならない（労基法第65条第3項）。

妊産婦が請求した場合には、**使用者は、変形労働時間制によって労働させてはならず**、また、**時間外労働、休日労働、深夜業をさせてはならない（労基法第66条）**。

1　**誤り**。変形労働時間制をとっている場合で、妊産婦の請求があった場合でも、1日及び1週の法定労働時間までは労働させることができる。

2　**誤り**。妊産婦からの請求があった場合は、時間外労働、休日労働、深夜業をさせてはならない。

3　**誤り**。産前休業は女性が休業を請求することが条件であり、就業を求めている場合は就業させてもよい。

4　**正しい**。

5　**誤り**。育児時間の規定は8時間労働を基準としたものであり、1日4時間労働の場合には、1回30分でよいと解されている。

正答　4

女　性②

No.147　労働基準法に定める女性の労働に関する記述として妥当なのは、次のどれか。　**(東京都管理職試験出題)**

1　使用者は、妊娠中の女性が請求した場合、他の軽易な業務に転換させなければならない義務があるが、この義務には使用者が新たに軽易な業務を創設して与える義務が含まれる。

2　使用者は、女性が出産する前後に法定期間の休業を与える義務を有するが、産前休業の場合は、請求があったときに休業を与える義務が生じるのに対し、産後休業の場合は必ず休業させなければならない。

3　使用者は、生後満1年に達しない生児を育てる女性から請求があったときは育児時間を与えなければならないが、育児時間について有給にするか無給にするかは労使間で決定することはできず、有給としなければならない。

4　使用者は、生理により就業が著しく困難である女性が生理休暇を請求したときは就業させてはならないが、就業規則で生理休暇の日数の上限を定めていれば、それ以上の生理休暇を与える必要はない。

5　使用者は、満18歳以上の女性については男性と同様に、いわゆる三六協定の範囲内で時間外労働又は休日労働をさせることができるが、深夜に労働させることはできない。

Key Point

女性又は母性保護の観点から、女性の労働基準の章では、坑内労働の禁止、妊産婦等に係る危険有害業務の就業制限、産前産後の休業及び就業制限、育児時間、生理日の休暇が規定されている。

生後満１年に達しない生児を育てる女性は、休憩時間とは別に、**１日２回各々少なくとも30分の育児時間**を請求することができる（労基法第67条）。育児時間は、授乳その他生児の世話を行う時間と考えられている。育児時間の**賃金**について、**有給とも無給とも定められていない**ので、**労働協約、就業規則等の定める**ところによる。

なお、「育児介護休業法」の規定により、**生後１年に満たない子を養育する労働者**については、**男女を問わず育児休業**が認められている。合わせて、使用者は、短時間勤務制度等、子の養育を容易にするための措置を講じなければならない。

使用者は、**生理日の就業が著しく困難な女性が休暇を請求したときは、その者を生理日に就業させてはならない（労基法第68条）**。生理日において、下腹痛、腰痛、頭痛等の強度の苦痛により、就業が著しく困難な女性であれば、業務の種類、内容のいかんを問わず、休暇を請求することができる。生理休暇は、就業規則等に１日と定めていても、必要があれば１日以上請求することができ、使用者はこれを与えなければならない。また、暦日単位だけでなく、半日又は時間単位での取得も可能である。なお、**賃金については、有給無休も含め、労働協約、就業規則等の定めるところによる。**

1　**誤り。**使用者に、新たに軽易な業務を創設して与える義務まで課したものでない（昭61.3.20基発第151号・婦発第69号）。

2　**正しい。**

3　**誤り。**労働協約、就業規則等の定めにより、無給も可能である。

4　**誤り。**生理休暇は、請求があれば、就業規則の定めを超える日数であっても与えなければならない。

5　**誤り。**満18歳以上の女性について、時間外・休日・深夜の労働の規制が廃止されたため、深夜に労働させることも可能である。

正答　2

就業規則①

No.148　労働基準法に定める就業規則に関する記述として妥当なのは、次のどれか。　**（東京都管理職試験出題）**

1　就業規則は、法的強制力を有しているため、就業規則で定める労働条件の基準を下回る部分のある労働契約は、その部分以外についても無効となる。

2　就業規則は、労働協約に反してはならないが、労働協約に反する場合においても、行政官庁は、就業規則の変更を命ずることができない。

3　使用者は、常時２人以上の労働者を使用する場合、就業規則の作成が義務づけられ、作成した就業規則を行政官庁に届け出なければならない。

4　使用者は、事業場ごとに就業規則の記載事項を定めることができるが、この就業規則には休日、休暇に関する事項を必ず記載しなければならない。

5　使用者は、就業規則を変更する場合、事業場のすべての労働者の意見を聴取しなければならず、聴取をしないで変更された就業規則は、効力を有しない。

Key Point

常時10人以上の労働者を使用する使用者には、各事業場における、労働時間や賃金その他の労働条件や労働者が就業上守るべき規律等に関する具体的な細目を定めるものである、就業規則を作成し、行政官庁（労働基準監督署長）に届け出る義務がある。

就業規則とは、**事業場における労働条件や職場規律に関する事項を定型的に定めているもの**であり、その法的性質については見解が多岐に分かれる。法令と同様の法的性質を持って労働者を拘束するとする**「法規範説」**や、雇入れにあたって労働者が就業規則に同意し労働契約が成立したことにより拘束力があるとする**「契約説」**や、**「折衷説」**など、諸説ある。近時では、普通契約約款のような機能を有するとする**「定型契約説(約款説)」**が有力である。

常時10人以上の労働者を使用する使用者は、**就業規則を作成し、**行政官庁に届け出なければならない（労基法第89条）。就業規則の作成・届出義務は事業場ごとに課されるので、使用者とは各事業場の長である。常時10人以上の労働者を使用するに至った場合には、遅滞なく、就業規則を作成して**労働基準監督署長に届け出**なければならない（労基法施行規則第49条）。また、いったん届け出た就業規則を変更する場合は、任意的記載事項の変更であっても、届出義務がある。

なお、就業規則の効力発生時期については、意見が分かれるが、労働者に周知の手続をとったときと解する説が有力である。

1　**誤り。**就業規則を下回る部分の労働契約は無効であるが、その部分以外は無効とはならない。

2　**誤り。**行政官庁は、法令又は労働協約に抵触する就業規則の変更を命ずることができる。

3　**誤り。**就業規則の作成・届出義務があるのは、常時10人以上の労働者を使用する使用者である。

4　**正しい。**

5　**誤り。**労働者の過半数で組織する労働組合、又は、労働者の過半数を代表する者の意見を聴けば足りる。また、この意見聴取がなくても、効力には影響しないと解されている。

正答　4

就業規則②

No.149　労働基準法に定める就業規則に関する記述として妥当なのは、次のどれか。　**（東京都管理職試験出題）**

1　就業規則は、労働者を使用するすべての使用者に対してその事業場の規模にかかわらず作成が義務づけられており、作成後は掲示等の方法により労働者への周知が必要であり、周知を欠いた場合は無効であるとされる。

2　就業規則は、労働者の意見を反映させるために、その内容について、事業所の労働者の過半数で組織する組合又はそのような組合がなければ労働者の過半数を代表する者の同意を得て、作成されなければならない。

3　就業規則の必要的記載事項は、絶対的必要記載事項と相対的必要記載事項からなり、始業及び終業の時刻や休日に関しては絶対的必要記載事項であるが、賃金の決定や退職に関しては相対的必要記載事項とされる。

4　就業規則の効力は、労働協約の効力に優越するものであり、就業規則において労働協約で定めた労働条件基準より上回る条件を定めた場合は、労働協約の内容が変更される。

5　新たに就業規則を作成し又は変更した場合は、当該規則条項が合理的なものである限り、個々の労働者において、これに同意しないことを理由として、その適用を拒否することは許されないと、最高裁判所は判示した。

Key Point

絶対的必要記載事項は、始業・終業の時刻、休憩時間、休日、休暇、賃金（臨時の賃金を除く）の決定、計算支払方法、締切支払時期、昇給、退職に関する事項である。

就業規則の記載事項は、労基法第89条の第１号から第10号まで掲げられているが、絶対的必要記載事項、相対的必要記載事項、任意的記載事項の３つに分類される。

絶対的必要記載事項とは就業規則に**必ず記載**しなければならない事項で、第１号から第３号までの、**労働時間、賃金、退職に関する事項**のことである。次に相対的必要記載事項とは、必須ではないが、定めをするのであれば就業規則の中に記載しなければならない事項のことで、第３号の２以下の、退職手当や賞与等臨時の賃金に関する事項などが該当する。任意的事項とは、上記以外の事項であって、就業規則に記載することが全く義務づけられていないものである。

就業規則の内容は労働者の利害に直接関係するものであることから、使用者が就業規則を**作成・変更する場合には、労働者の意見を聴かなければならず、届出をする場合には労働者の意見を記した書面を添付しなければならない（労基法第90条）**。

使用者が意見を聴く相手方は、事業場の労働者の過半数で組織する労働組合がある場合にはその労働組合、ない場合には労働者の過半数を代表する者である。意見を聴くにあたっては、労働組合等が意見を述べられるように、使用者は作成・変更の内容を説明し、労働組合等に対し検討する時間を与えなければならない。

就業規則

1　**誤り。**No.148選択肢３の解説参照。

2　**誤り。**就業規則の作成・変更について、労基法では、労働者の意見聴取を義務づけているだけであり、労働組合等との協議や同意は必要とされていない。

3　**誤り。**賃金（臨時の賃金を除く）の決定や退職に関する事項は、絶対的必要記載事項である。

4　**誤り。**就業規則は法令又は当該事業場で適用される労働協約に反してはならない（労基法第92条第１項）。No.150の解説参照。

5　**正しい。**No.150選択肢５の解説参照（最判昭43.12.25）。

正答　5

就業規則③

No.150　労働基準法に定める就業規則に関する記述として妥当なのは、次のどれか。　**（東京都管理職試験出題）**

1　常時10人以上の労働者を使用する使用者は、就業規則を作成しなければならず、この場合の労働者とは正規従業員を指し、常態として使用されていてもパートタイム労働者や臨時職員は含まれない。

2　使用者は、就業規則の作成について、当該事業場の労働者の過半数で組織する労働組合と協議し、同意を得なければならず、この手続を欠く就業規則は無効である。

3　就業規則は、労働基準法などの法令に違反することはできず、労働組合と使用者との交渉により成立する労働協約に対しては、優越的な効力が認められる。

4　就業規則で定める基準に達しない労働条件を定める労働契約は、その部分については無効とされ、無効となった部分は就業規則で定める基準による。

5　最高裁判所は、労働者に不利益を及ぼす就業規則の変更は、変更の必要性と内容に合理性があり、かつ、個々の労働者の同意がなければ、認められないとした。

Key Point

効力の順位は、法令・労働協約＞就業規則＞労働契約である。

解説　就業規則は、労基法、その他の法律、命令、条例などの**法令**、又は、当該事業場で適用される**労働協約に反してはならない**。また、行政官庁、すなわち労働基準監督署長は、法令又は労働協約に抵触する就業規則については、変更を命ずることができる（労基法第92条）。

なお、法令に明文がなくても、就業規則の内容が、公序良俗（民法第90条）に違反することが許されないことは当然である。

就業規則と労働契約との関係について、労基法第93条では、**就業規則に定める基準を下回る労働契約を無効**とするとともに、無効となった部分は就業規則によることと定めている。

労基法第92条及び第93条でいう就業規則とは、10人未満の事業場の就業規則も含まれる。

1　**誤り**。この場合の労働者とは、パートタイム労働者やアルバイト等の臨時職員も含まれると解されている。なお、フルタイム社員向けとパートタイム労働者向けというように、雇用形態別に就業規則を定めることも可能である。

2　**誤り**。No.149選択肢２の解説参照。

3　**誤り**。就業規則と労働協約では、労働協約に優越的な効力が認められている。

4　**正しい**。

5　**誤り**。最判昭43.12.25（秋北バス事件）は、労働者に不利益に変更された就業規則について、合理的なものである限り、個々の労働者が同意しないことを理由として、その適用を拒否することはできないとした。合理性の有無は、労働者が被る不利益の程度と、変更の必要性の内容・程度、代替措置その他労働条件の改善状況、労働組合等との交渉経緯等を総合的に考慮して判断すべきものと解されている。

正答　4

第６次改訂
増補版　地方公務員法　実戦150題　定価：本体2000円＋税

2003年５月23日　第２次改訂版発行　Printed in Japan
2007年１月12日　第３次改訂版発行
2012年１月16日　第４次改訂版発行
2016年４月14日　第５次改訂版発行
2018年９月10日　第５次改訂版　２刷発行
2019年４月20日　第６次改訂版発行
2021年２月22日　第６次改訂増補版発行
2023年７月29日　第６次改訂増補版　２刷発行

編集人　㈱都政新報社　出版部
発行人　吉田　実
発行所　㈱都政新報社
〒160-0023 東京都新宿区西新宿7-23-1 TSビル6階
電　話　03(5330)8788　　振替　00130-2-101470
ＦＡＸ　03(5330)8904
ホームページ　https://www.toseishimpo.co.jp/
印刷・製本　株式会社光陽メディア

ISBN978-4-88614-261-0　C3030